TEËSPOED IS JOU *VOORSPOED*

10 eenvoudige maniere om
in jouself te belê vir voorspoed en geluk

BERTUS STEENKAMP

Eerste uitgawe gedruk in 2020
Kopiereg © GA Steenkamp (2020)
Proeflees: L Hoffman (larizahoffman@gmail.com)

ISBN 978-1-77628-131-2 (print)
ISBN 978-1-77628-132-9 (ebook)
ISBN 978-1-77628-133-6 (audio)

Omslag en bladuitleg met liefde ontwerp deur
www.myebook.online

"Hierdie is 'n boek vol verhale van teëspoed waarmee ek dink jy jouself sal kan vereenselwig. Ek het gevind dat hoe meer ek ander en my omstandighede blameer, hoe groter my teëspoed word. Ek glo dat teëspoed die wêreld se manier is om vir jou te sê dat jý moet verander en nie ander, die regering of die wêreld nie. Teëspoed wil hê jy moet in jouself belê en jouself sodoende beter maak as die omstandighede waarin jy jouself bevind. Dan kan jy groei sodat jy die voorspoed wat jy verdien, ontvang. In hierdie boek deel ek tien eenvoudige maniere waarop jy in jouself kan belê, want teëspoed is jou voorspoed."

BERTUS STEENKAMP

Aan my kosbare vrou, Yolanda, en my
twee dogtertjies, Mandie en Veneske, wat volhard
in teëspoed en altyd op my vertrou.

INHOUD

TEËSPOED IS JOU VOORSPOED

INLEIDING

VYFTIEN JAAR GELEDE

Wat veronderstel was om 'n gelukkige en vreugdevolle tyd van my lewe te wees, het in 'n nagmerrie en 'n ver-leentheid ontaard!

Ek het die druk begin voel van my verantwoorde-likhede teenoor my vrou, kinders, werkers en kliënte. Onkundigheid en slegte skuld het my bloots gery, terwyl ek al die balle in die lug probeer hou het.

My onkunde oor boekhouding het daartoe gelei dat ek jare se BTW, inkomstebelasting en PAYE nooit inge-dien het nie. Ek het seker nie nodig om te verduidelik watter druk SARS op so 'n persoon kan plaas nie!

Ek het gespanne opgestaan en bedruk werk toe gegaan. Dis reg, ja, ek het nie na my besigheid toe gegaan nie, maar eerder na my werk toe. Dit klink mos nie reg nie! Aan die einde van elke maand was daar niks geld oor nie; ek het die hele maand gewerk … vir niks. Dit het vir my gevoel asof net my werkers geld kry.

Ek het onnodig baie begin eet en gewig opgetel. Om dit nog erger te maak, het ek ander besighede begin vir 'n ekstra inkomste, maar hulle het die een na die ander misluk, wat dan op hul beurt bygedra het tot nog meer finansiële verliese.

Dit alles het jare gelede gebeur, maar dit is tot vandag toe die tyd in my lewe wat ek die meeste geleer het, want in daardie tyd het ek die reëls van die lewe geleer. Daar is nie 'n skool op aarde wat my kon leer wat ek in dié tyd geleer het nie.

Soos die meeste Suid-Afrikaners het ek 'n doodgewone kinderlewe gehad. Ek het grootgeword in die Limpopoprovinsie, daardie tyd die Noord-Transvaal, op ons familieplaas Doornlaagte in 'n klein dorpie, Steenbokpan. Ek, my broer en twee susters was die vierde generasie op die plaas. Ek het ook die familienaam – Gerhardus Albertus Steenkamp.

Ek het nie goeie punte op skool gekry nie, en spelling en lees was en is nie my sterkste punt nie. Om die waarheid te sê, ek het skool dalk meer gehaat as die gemiddelde Suid-Afrikaner.

Wat ek wel goed kon doen, is "wheel and deal". Ek kon 'n ou skaatsplank restoureer en ruil vir onderarmdeodorant, sakdoeke en 'n koshuiskind se Kersgeskenk. As student het ek meer geld gemaak uit my kamer uit as wat dit my pa gekos het om my op Technikon te hou.

Ek het van Pretoria af terug plaas toe gery, vleis by jagondernemers opgekoop en dit dan weer in Pretoria aan slaghuise verkoop. Dan praat ek nie eers van my eie na-ure-sjebien nie – kompleet met kroegtoonbank en alles, binne-in my woonstel.

Ek het opgeskop by die Technikon van Pretoria en maar weer op die plaas beland, net soos my tegniese onderwyser vir my gesê het gaan gebeur: "Julle plaaskinders, julle leer nie op skool nie en dan gaan boer julle maar net saam met pappa." Daardie woorde krap my tot vandag toe om.

Een ding is seker, ek gaan nie afhanklik wees van ons familieplaas nie.

Ek het toe as 'n professionele jagter vryskut gejag en Leliefontein vir my pa bestuur. Hy het my 'n huis en R1 000 per maand gegee. My omstandighede het gemaak dat die een geleentheid na die ander opgekom het, soos die uitvoer van jagtrofees van buitelandse jagters. Basies was die diens baie swak, met baie ruimte vir verbetering. Ek het saam met my pa die geleentheid begin aanvat in 2005. Dit is ook die jaar wat ek met my wonderlike vrou, Yolanda, getrou het.

In 2007 het ek, in 'n ooreenkoms met my pa, die hele besigheid oorgeneem en besluit ek gaan dit opgradeer na 'n taksidermie. Ek het 'n groot sukses van die taksidermie gemaak en die geld het ingerol. Maar soos die geld ingekom het, het ek skuld gemaak, swak boekhouding toegepas en myself binne 'n jaar of twee in baie slegte omstandighede geplaas. Ons almal is die argitek van ons eie gemors.

'n Goeie vriend en mentor het my laat verstaan dat as ek my omstandighede wil verander, ek my gewoontes moet verander. Hy het die eerste "personal improvement"-boek in my hande gedruk en so 'n nuwe deur vir my oopgemaak.

Ek het begin om myself te evalueer en my foute te verander deur mense wat sukses behaal het, na te volg, boeke te luister en tegniese oplossings te vind. Ek het gou geleer dat daar sagteware is vir alles, dat daar boeke is wat jou enigiets kan leer en dat dit interessant is omdat 'n mens daarin belangstel.

Jy moet doelwitte hê. Elke keer as ek iets van iemand wat suksesvol is, leer, beweeg ek stadig maar seker 'n bietjie nader aan my eie doelwit.

Ek moes weer leer, maar dié keer het ek iets geleer waarin ek belangstel, en dit is entrepreneurskap. Ek het nou al na honderde boeke geluister en met honderde toepassings geëksperimenteer. Ek het ook al die sosialemediaplatforms bemeester. Ek het my dik lyf begin oefen tot ek 'n Triatlon kon doen. Ek het daarvan gehou en dit het ook my selfvertroue bevorder. So het alles verbeter en dit het gelei tot die verkoop van my eerste besigheid teen 'n gawe wins.

Vandag is ek 'n kenner van aanlyn bemarking, met 'n wye kennis van aanlyn sagteware. Ek is skuldvry, en my bates is meer as my laste. Ek werk twee tot drie ure per dag aan my besigheid, bestuur miljoene rande en geniet dit om met mense te deel hoe ek my omstandighede verander het.

Daar buite is so baie mense, gereedskap, inligting, ensovoorts, wat jou kan help om 'n sukses van jou drome te maak!

VYFTIEN JAAR LATER

Dis 8 November 2019 en dit is die jaareindvergadering van die Professionele Jagtersorganisasie van Suid-Afrika. Ek en Louwrens, my vennoot, sit in Klein-Kariba se restaurant, heel tevrede met onsself en baie opgewonde, want ons het hierdie goeie geleentheid gebruik om ons nuwe selfoontoepassing "Hunt Clicker" bekend te stel.

Ons het toestemming gekry vir net tien minute op die verhoog, met 'n paar voorwaardes, waarvan die grootste kopseer was dat ek die bekendstelling in Engels moes doen. Dit het veroorsaak dat dit maar hakkelrig gegaan het, maar die woord is uit en die internasionale jagbedryf weet nou dat daar 'n toepassing is wat hulle kan help om hul besigheid makliker en meer effektief te bestuur.

Op hierdie stadium het ek vir myself 'n reël gemaak en dit is dat ek geen projek of geleentheid moet aanvaar as dit nie die potensiaal het om vir my 'n maandelikse inkomste van honderdduisend rand op te lewer nie. Ek weet dit klink seker of ek vol van myself is, maar daar is ook mense wat sal dink dit is te min en dat ek myself onderskat. Ek glo oor 'n paar jaar van nou af gaan ek na hierdie paragraaf kyk en my kop skud, maar die waarheid is dat ek myself vandag in hierdie posisie bevind.

Jy gaan in hierdie boek leer dat hoe meer jy in jouself belê, hoe meer geleenthede kom na jou toe. Dan, my vriend, moet jy iets kies wat die moeite werd is, anders gaan jy tussen al die geleenthede rondspring. Ek sal later in die boek verduidelik hoe dit gebeur, so byt vas!

Met dit gesê, ek en Louwrens is baie opgewonde oor ons produk en tevrede met die terugvoer vanaf die jagondernemers. Ons sit soos twee seuntjies en somme maak oor hoe ons dit gaan regkry om binne die volgende drie jaar ons doel van honderdduisend rand elk per maand te bereik.

Ek is mal oor dié tipe gesprekke. Wel, ek dink almal is, veral as dit jóú plan of produk op die tafel is. Ons drome is flippen hoog in die wolke en elke nou en dan gooi ons syfers rond soos: "As ons teen einde 2020 eenhonderdduisend kan draai met 336 subskripsies, behoort ons teen 2021 driehonderdduisend maandeliks te draai."

Dan sê Louwrens honderdduisend, dan sê ek vyfhonderdduisend. Ons klink omtrent soos die Guptas; al verskil is, ons somme is in honderdduisende en hulle s'n in honderdmiljoene.

Terwyl ons oor die honderdduisende rande praat, merk ek op dat ons kelnerin baie vreemd elke nou en dan naby ons verbystap en haar oor omtrent 'n punt in ons rigting trek soos een of ander karakter uit Liewe Heksie. Dit is duidelik dat sy luister na wat ons bespreek en ek kan net dink hoe dit vir haar klink.

Honderdduisend hier, tweehonderdduisend daar, en dan sommer vyfhonderdduisend per maand!

Dik geëet steek Louwrens sy hand op en roep die kelnerin om ons rekening te bring. Ek neem aan sy het dit as 'n gulde geleentheid gesien om met ons te praat, want toe sy die rekening op die tafel neersit, vra sy dadelik in die mooiste Afrikaans wat dit is wat ons doen. Belangriker, sy vra ook wat sy kan doen om suksesvol te wees en noem dat sy vyftigduisend rand geërf het en wil weet wat die beste plek is om dit te belê.

Natuurlik spring ons weg met goed soos "jy kan jou geld belê in index funds" en "die maklikste is, sit jou geld in 'n mutual fund", en, en, en.

Die kelnerin se vraag het iets in my gedagtes aanskakel en terwyl Louwrens verduidelik hoe aandele werk, ervaar ek 'n gevoel van verantwoordelikheid of plig ... iets wat veroorsaak dat ek haar vrees herleef. Dalk is dit net dat ek weet waardeur sy moet gaan en watter lesse sy sal moet leer, hoeveel foute sy nog gaan maak en hoe dit gaan voel.

Om die waarheid te sê, ek is nie seker presies wat dit is nie, maar ek besef op hierdie oomblik dat dit wat ek vir haar gaan sê, goeie raad moet wees. Nee, meer as net goeie raad, en ek weet die raad wat ek vir haar gaan gee, gaan ook nie dadelik werk nie, want die feit is, daar is nie so iets nie. Inteendeel, die dag wanneer ons raad gaan uitbetaal, gaan sy dit nie eers besef nie, tensy dit iets is wat regtig van groot waarde vir haar is.

Ja, ek weet ek verduidelik nie mooi wat ek ervaar het nie. Die punt is, dit het my daartoe gelei dat ek daar en dan in Klein-Kariba se restaurant, terwyl Louwrens met die kelnerin praat, selfondersoek gedoen het. Die vraag in my gedagtes was: Wat is die beste, die heel beste belegging wat iemand met sy laaste vyftigduisend rand ooit kan maak en nie spyt daaroor sal wees nie? Wat is dit? het ek myself afgevra. Wat was my beste belegging? Wat het my tot hier gebring? het ek gewonder.

Het jy al ooit ervaar dat iets net ewe skielik sin maak? Gewoonlik verduidelik iemand vir jou iets en dit maak eenvoudig glad nie sin nie, maar om een of ander rede hou jy aan om dit te probeer verstaan. En dan, eendag of ewe skielik maak alles sin en dan pas alles inmekaar.

My dogtertjie se kleuterskoolonderwyser het eendag vir my verduidelik hoe sy vir die klein kindertjies verduidelik hoe om 'n legkaart te bou en hoe sy dit oor en oor vir hulle wys. Haar woorde was: "Hulle sukkel die heeltyd en maak baie vreemde en onhandige probeerslae, maar later is dit asof daar ewe skielik 'n liggie aangaan. As daai liggie aangaan, dan lyk dit of hulle al vir jare legkaarte bou."

Soos ek hier skryf, het ek reeds honderde boeke gelees en geluister, ek het seminare bygewoon, ek luister na potgooie van suksesvolle entrepreneurs en beleggers en meer. Vir so lank as wat ek kan onthou, het die volgende gedagte in baie van die materiaal voorgekom: "Die beste belegging is om in jouself te belê."

Alhoewel ek deur die jare in myself belê het, het ek nooit regtig agtergekom dat ek dit doen nie. Selfs as ek dit in 'n boek raakgelees het, het ek nie mooi geweet hoe 'n mens in jouself belê nie en hoe dit my nou regtig gaan help nie. Moet my nie verkeerd verstaan nie – ek het besef dat dit belangrik is om vaardighede aan te leer, te oefen, ensovoorts, maar ek kon nie regtig een en een bymekaar sit nie.

Om in myself te belê was soos die troosprys vir die kind wat laaste kom, en die beste belegging was iets groter, soos om die eienaar te wees van 'n winkelsentrum of iets.

Terwyl ek so dink wat die beste is wat 'n ou kan doen met vyftigduisend rand as dit jou laaste is en waaroor jy nie spyt gaan wees nie, het my liggie aangegaan. Daar het nie net 'n liggie by my aangegaan nie; dit was meer soos 'n *spotlight* wat al die maniere waarop ek in myself belê het en hoe dit my gehelp het, uitgewys het, soos springhase in 'n grondboontjieland. Dis asof alles op daardie oomblik net sin gemaak het.

Ek kry toe die grootste begeerte om die kelnerin te oortuig dat sy nog op daardie selfde dag moet begin om in haarself te belê. Ek besef toe ook dat as sy aandele sou koop, daar 'n werklike risiko was dat sy haar geld kon verloor. Die vraag is nou: Hoe gaan sy haar geld verloor as sy in haarself belê?

Dit maak nie sin wat ek nou vra nie, nè? Dit voel asof ons geld verloor, of eerder geld spandeer, as 'n mens in jouself belê, maar in werklikheid, as jy in jouself belê, kán jy nie jou geld verloor nie. Ek was skoon bekommerd dat sy dit nie gaan doen nie; inteendeel, ek dink ook nie sy het nie. As ek eerlik met myself is, klink "om in jouself te belê" regtig soos die troosprys, terwyl dit die eerste prys is.

Die aand van 8 November 2019 het ek na die plafon gestaar, en soos ek dink aan al die maniere waarop ek in myself belê het, het ek begin dink oor my taksidermie-besigheid wat jaarliks meer as tienmiljoen draai terwyl ek in George bly. Ek het gedink aan hoe vinnig ek dit reggekry het om sestigduisend rand se netto inkomste maandeliks outomaties te genereer met 'n aanlyn kursus. Ek het gedink aan die besighede wat ek verkoop het. Ek het gedink aan Afrineurs, wat duisende mense se lewens verander. (www.afrineur.co.za)

Dan natuurlik ook aan die feit dat ek skuldvry is! Soos ek hier sit en skryf, het ek laas week my eerste bakkie kontant gekoop.

Ek het gedink aan hoe dit gebeur het dat ek geld op die aandelemark belê en dat ek eiendomme het wat maandeliks huurinkomste lewer. Glo dit of nie, ek het begin om goud te koop! Ja, as ek dit neerskryf, klink vir my ook vreemd; daarom vra ek myself af hoe dit

gebeur het dat ek begin goud koop het. Wat het vero-
orsaak dat ek swartwitpense koop nadat die prys vir
'n swartwitpenskoei geval het van vyfhonderdduisend
tot vyfduisend rand?

Ek klink dalk windgat, maar neem asseblief kennis
dat dit nie in my natuur is nie. Ek dink net dit is nodig
om dit te noem en ek dink dit is belangrik dat jy moet
besef dat dit nie 'n skande is om oor jou sukses te praat
nie. Sien, ons is geleer dat dit verkeerd is om goed
te doen en dat die mense wat ryk is en alles besit, op
ander trap. Dan natuurlik is daar daardie Bybelvers
waarmee ons geslaan word: "Dit is makliker vir 'n
kameel om deur die oog van die naald te kom as wat
dit vir 'n ryk man gaan wees om in die hemel te kom."
In hierdie boek gaan ek met jou deel waarom dit bit-
terbelangrik is dat jy jouself moet omring deur mense
wat jou sukses saam met jou vier, eerder as om jou af
te kraak.

Ek gaan myself nou so 'n bietjie kwesbaar maak
deur te noem dat ek 'n baie groot gevoel van dankbaar-
heid ervaar het en daarom besluit het om hierdie boek
te skryf. Sien, dit het nie altyd so goed gegaan nie, of
eerder, nou dat ek mooi daaroor nadink, toe ek in die
grootmenswêreld begin het, het dit eintlik redelik goed
gegaan, MAAR my onkunde het my in 'n baie diep gat
laat beland.

Ek wil sover gaan om te sê dat ek dink 95% van
alle Suid-Afrikaners bevind hulleself in dieselfde gat,

of jy nou 'n entrepreneur is en of jy 'n werknemer is. As jy vandag voel jy werk vir niks en jy skuld die hele wêreld geld, voel ek hierdie boek is 'n goeie belegging in jouself en ek gaan my bes doen dat jy 'n groot, vet opbrengs op jou belegging gaan terugkry.Nou ja toe, hoe belê 'n mens in jouself? Kom ons praat daaroor in die volgende hoofstuk.

Hoe belê 'n mens in jouself?

Een van die soort vrae wat ek op skool die meeste in 'n toets gehaat het, was definisies! Wat is die definisie van fotosintese? Wat is die definisie van bates? Jy moet mos altyd die definisie presies soos in die handboek neerskryf, anders verloor jy punte. Ek moes altyd daardie definisies woord vir woord leer, maar as ek eerlik moet wees, ek het nooit geweet wat dit beteken nie.

Kom ons vermy die hoogs intellektuele en formele definisie van hoe om in jouself te belê. Hierdie handboek skryf ek, en ek verduidelik 'n ding soos 'n boer.

As die eerste reëns in Limpopo op die plaas val, kan jy maar vir seker weet die bosluise is op pad. Bosluise doen groot skade aan jou beeste, veral die bontpootbosluis. Nou, om daardie pes uit jou kudde (dis nou jou trop beeste waarmee jy boer) te kry, moet jy hulle bosluisgif spuit.

Toe ek en my broer nog in die laerskool was, het my pa 'n sprinkaanspuit gebruik om sy beeste te spuit.

Die spuit het baie soos 'n fietspomp gewerk; al verskil was, dit het 'n pyp gehad wat jy in 'n twintigliterkan moet druk en dan 'n voetstuk wat buite die kan is, wat jy gebruik om die pomp vas te trap teen die grond. Met jou twee hande moes jy die handvatsel optrek en dan, sodra jy die handvatsel afdruk, spuit die gif by die end van 'n lang, dun pypie uit. Dan moet jy vinnig weer die handvatsel optrek en weer afdruk sodat die gif bly spuit. As jy vir 'n oomblik stop, wel, dan stop die spuit. Dis dan wanneer jy my pa gehoor het: "Pomp, jy moet POMP!"

Wat dinge nog erger maak, is die feit dat ons sprinkaanspuit se velletjies klaar was. Wat dit beteken, is dat elke slag as 'n mens pomp, dan lek van die gif aan die kant van die velletjie verby. Met ander woorde, elke pompslag spuit minder gif uit, wat beteken jy moet nou vinniger pomp en harder werk om die gif op die beeste te kry.

My pa het ongeveer 250 beeste gehad. Wel, ek raai, want volgens my pa mag jy nie sê hoeveel beeste jy het nie. Daarom het ek maar soos ons gaan, self probeer tel, en dit was ongeveer 250 beeste. Om hierdie beeste met ons ou sprinkaanspuit te spuit, het maklik een week geneem, want die beeste loop in klein groepies van vyf-en-twintig tot dertig per groep en moet elke keer bymekaargemaak word voordat 'n mens hulle kan spuit. As die spuit 100% reg werk, wel, dan sal 'n mens al die beeste in vier dae kan spuit, en so wen jy een dag. As die gif eers op al die beeste is, het 'n mens on-geveer een maand voor jy weer daardie sprinkaanspuit moet uithaal om hulle weer te spuit.

Nou ja, ek is baie nuuskierig om te hoor wat jy dink. Jy skree seker: "Maak die pomp reg, jou aap!" Die probleem is, terwyl jy die beeste bosluisgif spuit, dink jy die heeltyd aan die bosluise wat skade veroorsaak en dat dit belangrik is dat jy hulle nóú doodmaak. Nie môre nie, ook nie nou-nou nie, maar nou dadelik. Om daardie rede voel jy daar is nie tyd om die pomp eers reg te maak nie en werk jy maar eerder harder of, in ons geval, werk ek, my broer en Josef harder.

Aan die einde van die dag is almal moeg en gooi jy die spuit in die stoor neer ... jy sal môre na die pomp kyk. En so kom môre weer met sy nuwe goed wat nou dadelik moet gebeur, en die pomp kry nie aandag nie. Totdat Josef my pa weer na 'n maand in kennis stel dat die bosluise weer dik loop op die beeste en, ja, so spuit ons maar weer die beeste met 'n pomp wat jou arms moeg maak en 'n pa wat kort-kort skree: "Pomp, julle moet pomp!"

Hier is die probleem: om die pomp reg te maak gaan ons iets kos. In werklikheid gaan dit ons drie goed kos:

1. Dit gaan ons geld kos, want ons moet 'n nuwe velletjie koop by Bosveld Handelaars.
2. Dit gaan ons tyd kos, want ons gaan die pomp moet regmaak.

3. Ons gaan iets anders wat ons eerder kon doen, moet opoffer om aandag aan die pomp te gee.

Nou, as jy die drie goed doen omdat jy wil hê die pomp moet beter werk sodat jy vinniger die beeste kan spuit vir bosluise, dan, my liewe vriend, BELÊ jy in die pomp. Maar 'n mens is altyd geneig om te dink dit is nie nou so belangrik nie, want daar is belangriker take nou en daarom kan dit eerder bietjie wag, en so gaan dit aan en aan.

Die grappie gaan nog verder, want om die pomp reg te maak, gaan net twintig rand kos vir die velletjie, nege kilometer se ry na Bosveld Handelaars en tien minute se werk in die stoor. Dit alles gaan jou 'n dag op die plaas wen. Omdat dit so 'n klein verskil maak, sien jy nie regtig die waarde nie, soos die hoeveelheid goed wat 'n mens nou ekstra gedoen gaan kry omdat jy 'n ekstra dag het en omdat jy nie so moeg is nie, ensovoorts. Dink 'n bietjie daaroor: Jy kry 'n hele ekstra dag teen twintig rand!

Nou gestel jy raak bewus van die voordele daarvan en jy begin wonder: Hoe kan ek al 250 beeste in een oggend, terwyl dit nog koel is, spuit? Jy wonder of 'n mens nie dalk 'n 500-liter-vuurvegter (ook bekend as 'n bakkiesakkie) kan inspan om die werk te doen nie. Dit is nou wel anders as die gewone, tradisionele manier van doen, maar dit voel tog of dit kan werk. Die koste is egter aansienlik meer en daar is 'n risiko dat dit dalk nie gaan werk nie. Gestel jy BELÊ in so 'n bakkiesakkie, maak 500 liter bosluisgif aan op 'n Maandagoggend, gaan stop jou bakkie tussen al jou beeste, *start* die enjin en spuit die hele trop beeste in so min as 'n halfuur, terwyl Josef iets anders doen, soos om die draad by die donkiekamp reg te maak. Tienuur eet jy *brunch*, en elfuur het jy nog meer as genoeg energie om 'n land om te ploeg of iets.

Nou toe, die doel daarvan om in jouself te BELÊ is om jouself beter en sterker te maak – fisiek en geestelik. Selfs om jou intellek te verbeter of om ervaring op te doen. Enigiets wat jou in staat gaan stel om dinge vinniger en beter te doen, byvoorbeeld deur 'n bakkiesakkie te gebruik. Om in jouself te belê, moet jy ook besef dit kom nie verniet nie; dit val nie net in jou skoot soos 'n talent nie. Nee, jy moet op 'n manier daarvoor betaal; dis tog hoe jy in iets belê, nie waar nie?

Daar is drie maniere waarop jy daarvoor kan betaal:
1. Met geld: Dis baie eenvoudig – dit is wanneer jy vir iets betaal wat jou as persoon gaan verbeter.
2. Met tyd: Dis net so eenvoudig – soms moet jy tyd eenkant sit om in jouself te belê.
3. Met opofferings: Soms moet jy iets opoffer om in jouself te belê, dalk iets soos om 'n gewoonte op te gee, soos om op te hou rook.

Nou, dit is ook belangrik om te sê dat as jy besluit om die sprinkaanpomp te verf omdat dit nie meer so mooi is nie, dit nie regtig gaan help nie; dit gaan nie die probleem oplos nie; jy gaan nog steeds hard moet pomp, selfs al lyk die pomp nou baie mooi.

Ek kan dit nie verstaan nie; ek dink dit is nou maar eenmaal 'n menseding. Natuurlik weet ons die verf gaan nie die probleem oplos as dit by die sprinkaanpomp kom nie. Maar wanneer dit by onsself kom, dan dink ons 'n bietjie anders.

Ek het byvoorbeeld gedink ek gaan meer kliënte kry as ek 'n nuwe Land Cruiser koop, want mense gaan dink my besigheid is gevestig en dit lyk of ek baie geld het. Of dalk dink jy dat jy 'n duur horlosie moet koop, want dit is baie belangrik dat jy altyd betyds is, en 'n mooi horlosie sal jou daarmee help. Nou gaan jy en jy sê vir jouself: ek gaan maar in 'n Land Cruiser belê of ek gaan in mooi duur horlosie belê. Die waarheid is, as jy die sprinkaanpomp verf, dan spandeer jy; jy belê nie.

Spandeer en belê is, na my mening, twee verskillende goed: die een help jou boontoe en die ander een help jou aarde toe.

As jy op die regte manier in jouself belê, dan gebeur daar goed wat ek en jy nooit gedink het gaan gebeur nie. Om die minste te sê, jy kry meer as waarvoor jy gebargain het. In die volgende hoofstuk gaan ek met jou deel wat ek bedoel.

DIE VERSKUILDE VOORDELE DAARVAN OM IN JOUSELF TE BELÊ

My vriend, as jy 'n bietjie kennis van beleggings het, sal jy weet dat daar iets bestaan wat 'n mens noem "saamgestelde rente".

Einstein het gesê: *"Compound interest is the eight wonder of the world. He who understands it, earns it; he who doesn't, pays it."*

Vir dié van julle wat dit nie verstaan nie, saamgestelde rente is wanneer jy rente verdien, dit net so in jou belegging los en dan later weer rente op jou rente verdien.

Nou hier is die probleem wat ons as mense met saamgestelde rente ervaar: dit voel oor die kort termyn of ons niks bereik nie, maar in werklikheid kom die resultate in baie groot maat eers oor die lang termyn. Omdat dit vir 'n mens oor die kort termyn voel asof jy niks bereik nie, het ons die gewoonte om op te hou belê en eerder iets anders gaan probeer.

'n Goeie boek oor dié onderwerp is *The compound effect* deur Darren Hardy, waarin hy verduidelik dat die saamgestelde rente wat jy kry deur in jouself te belê, soos 'n stoomtrein is. Dit vat baie kole en baie hitte om 'n stoomtrein op te warm. Dan vat dit nog meer kole en nog meer vuur om die trein te laat beweeg. Stadig maar seker begin die trein vorentoe beweeg en verg nog meer hitte en meer stoom. Vir 'n lang tyd is daar baie min beweging, maar dan begin die trein vinniger en vinniger beweeg, tot op die punt wat die trein so vinnig beweeg dat dit dwarsdeur 'n betonmuur sal jaag sonder om te stop of om momentum te verloor.

Dieselfde gebeur as jy in jouself belê: eers gebeur daar vir maande niks nie, maar soos die tyd verbygaan, begin klein goedjies gebeur en tel jy momentum op. Hoe meer jy dan in jouself belê, hoe meer momentum kry jy, en voor jy jou oë uitvee, kan niemand jou stop nie, nie eers jou skoonma nie! Geleenthede storm na jou kant toe en jy kry dit reg om tien keer meer goed te hanteer.

Kom ek gee vir jou 'n voorbeeld: gestel jy besluit een oggend jy wil gewig verloor. Jy begin met die dieet-program. Jy verloor stadig gewig, en dit gaan soms goed en soms sleg, maar jy bly vasbyt. Stadig maar seker verloor jy meer gewig, nog 'n kilo hier en nog 'n gram daar.

Later daardie jaar begin jy beter voel. Jy slaap beter; jy het meer energie. Omdat jy nou meer energie het, besluit jy om dalk bietjie te begin *gym* of oefen. Nou verloor jy vinniger gewig en jy kry meer selfvertroue. By die werk of in jou besigheid begin dinge optel, want jou selfvertroue trek meer kliënte aan en jou energie motiveer jou personeel om beter te werk. Jy speel meer met jou kinders by die huis en dit maak dat jou kinders meer respek vir jou kry. En jou besigheid maak meer geld en jy betaal al jou skuld af. Nou het jy nie meer skuld nie en jy maak nog meer geld, want nou is daar nie meer skuld om af te betaal nie en jy begin die geld belê en jou geld begin saamgestelde rente verdien in die bank.

So raak jy 'n stoomtrein wat niemand maklik gaan stop nie, net deur te begin oefen en nie op te hou nie.

Deur in jouself te belê, verdien jy ook saamgestelde rente. Die een vaardigheid wat jy onder die knie kry, maak dit vir jou moontlik om 'n moeiliker vaardigheid aan te leer en dan gee dit jou selfvertroue en selfvertroue trek geleenthede aan. En so plak die goed aan mekaar en jy vind jouself op 'n plek waar jy nie meer die toekoms vrees nie – selfs al word alles van jou af weggeneem, gaan jy reg wees, want niemand kan dit wat jy in jouself belê het ooit wegneem nie.

SPYT KOM ALTYD TE LAAT

Dan moet jy ook nie vergeet wat Einstein verder gesê het nie: "Dié wat dit nie verstaan nie, betaal dit."

Saamgestelde rente werk na altwee kante toe; met ander woorde, as jy nie in jouself belê nie, maar eerder in daardie tyd voor die televisie sit, tyd in die kroeg spandeer of geld mors op slegte skuld, gaan dieselfde gebeur; al verskil is, jou stoomtrein gaan nou agteruit beweeg. In die begin gaan dit ook lyk of jou swak keuses (of ek moet eintlik sê "beleggings") bittermin skade veroorsaak, op die oomblik dalk geen skade nie. Maar oor tyd, my vriend, as daardie trein eers momentum kry, gaan jy hom nie stop nie, en dít is gewoonlik wanneer ons met ons hande in ons hare bly staan en kyk hoe alles agteruitgaan.

Om te rook, byvoorbeeld, het dalk nou geen effek op jou nie, maar die dag as jy 'n stuk van jou long uithoes, dan besef jy dit was 'n fout. En ja, jy kan nie daardie stuk long nou weer terugdruk en vaswerk nie. Dis verby, ou maat, dis verby. Ek weet dis bietjie rof gestel, maar ek wil graag hê jy moet die erns van die saak verstaan.

Daar is 'n goeie rede waarom die spreekwoord sê: "Spyt kom altyd te laat."

Nou toe, wil jy soos 'n stoomtrein vorentoe deur Suid-Afrika hardloop en niks vrees nie?

Dis wanneer jy onafhanklik raak van die goed waaroor jy nie beheer het nie dat jy dit baie kan geniet om in Suid-Afrika te bly.

Is jy reg? Nou kom ons begin om in onsself te belê.

LEES BOEKE

MY EERSTE SELFVERBETERINGSBOEK

As jy nie van lees hou nie, maar jy het tot hier gelees, is ek baie beïndruk met myself. Dit beteken ek het daarin geslaag om vir jou te wys dat om 'n boek te lees, nie dieselfde is as op skool nie en dat dit eintlik lekker kan wees. Ja, ek weet daar is mense wat MAL is oor lees. As jy een van hulle is, weet ek ek het nog baie werk om jou te beïndruk.

In 2016 het my stoomtrein momentum opgetel, maar tot my spyt was dit na die verkeerde kant toe. My gemaklike leefstyl het vinnig inmekaar begin tuimel.

Kyk, as jy nie meer jou foon kan antwoord nie omdat jy nie die nommer ken nie en jy is bang dat dit dalk die Ontvanger, 'n prokureur, 'n skuldeiser of selfs 'n familielid is vir wie jy geld skuld, dan moet jy ophou om vir jouself te sê dat alles in orde is en dat dit volgende maand beter sal gaan, want dit is nie. Die waarheid is, jou trein is besig om momentum op te tel na die verkeerde kant toe, my vriend.

Ek het bly dink, as almal net kan vasbyt tot die jagseisoen weer begin, as almal net kan vasbyt tot die rand verswak teenoor die dollar, as almal net kan vasbyt tot dit weer reën, ensovoorts, ensovoorts.

Een aand by 'n braai in daardie moeilike tyd gesels ek met my vriende oor politiek, rugby en die goed waaroor ons mos maar altyd gesels. Tot ons by besigheid uitkom. Nou, dit is mý tipe gesprek; ek kan vir maande aaneen oor besigheid praat. Dit is my passie. Maar daardie aand het my gesprek onbewustelik begin wys dat dit nie so goed gaan met Bertus nie. My vriende móés dit optel. Want selfs al staan ek met 'n duur bottel rooiwyn in die hand en bied vir almal daarvan aan, bly ek praat oor hoe die omstandighede in Suid-Afrika moet verander en dat dit dinge vir my moeilik maak en hoe, as net dit kan gebeur, ek sal reg wees.

Ek is nie mooi seker of my vriend dit sal onthou nie, maar aan die einde van die aand het hy vir my gesê: "Bertus, die wêreld gaan nie vir jou verander nie. Jý moet verander." Ha-ha, lag ons oor wat hy sê, terwyl hy my heel eerste selfverbeteringsboek in my hande druk. Die boek se naam is *The secret*, deur Rhonda Byrne. Die boek gaan oor die *law of attraction*. Dit is nou wel nie die beste boek op my boekrak nie, maar dit is die boek wat die saadjie geplant het vir die grootste verandering in my lewe.

Soos ek daardie aand terugry, brand die woorde in my gedagtes: "Bertus, die wêreld gaan nie vir jou verander nie. Jy moet verander." Nou hoe verander 'n mens? Wel, deur in jouself te belê. En so begin ek in myself belê deur die boek wat my vriend vir my gegee het, te lees. Noudat ek daaraan dink, ek is nie seker of hy vir my die boek gegee het of net geleen het nie. Ek sal seker maar een moet gaan koop en weer vir hom teruggee.

Op daardie stadium was *The secret* 'n uitstekende boek om my denkwyse te verander, maar belangriker nog, om 'n belangstelling in boeke by my te kweek.

Kyk, op skool het die woord "begripstoets" my laat naar word. Ek het dit gehaat om *Kringe in 'n bos* te lees, want ek is dislekties. Partykeer moet ek 'n paragraaf drie of vier keer deurlees teen die spoed van 'n graad een-kind om net te verstaan wat ek lees. Om die kersie op die koek te sit, word jy dan in 'n begripstoets getoets om te sien of jy dit verstaan, en ja, dit alles moet binne 'n sekere tyd gebeur. Nee wat! Die sweet slaan sommer uit soos ek dit nou hier sit en skryf. Die punt is: skool het my aptyt vir boeke bederf.

Dis baie jammer, want boeke is een van die beste maniere om in jouself te belê, of jy nou goed lees en of jy stadig en sukkelend lees soos ek.

Daar is 'n groot verskil tussen *Kringe in 'n bos*, wat verpligtend is op skool, en 'n boek wat gaan oor iets waarin jy belangstel en jou help om jouself te verbeter. Want as jy belangstel in wat jy lees, sal jy vind dat jy sommer vinniger en makliker lees. Om jou 'n idee te gee, met my leesvermoë kry ek dit reg om elke maand twee boeke te lees.

Ek het gedink ek wil begin met boeke as die eerste manier om in jouself te belê. Want in die res van hierdie boek wil ek graag na van die boeke verwys wat my gehelp met die manier waarop ek in myself belê, sodat dit jou ook kan help.

Toe ek *The secret* klaar gelees het, was ek dadelik op soek na die volgende boek en kom toe af op die boek *Good to great*, deur Jim Collins. Dis 'n lekker vet boek en ek lees dit toe sommer tjop-tjop klaar, en so begin ek aan my denke en my besigheid verander. Ek stop ook nie daar nie; ek lyk kompleet soos een van daardie boekwurms met 'n dik bril wat storieboeke sit en lees in die aand. Al verskil is, ek het die kakieklere en vellies aan, en ek lees nie fiksie nie, ek lees boeke wat my beter maak.

Onthou jy hoe ek vroeër gepraat het van saamgestelde rente? Wel, omdat ek begin boeke lees het, het ek 'n liefde vir boeke gekweek en stadig maar seker het ek meer bewus geraak van die goed wat ek verkeerd doen en wat dit is wat ek eerder moet doen. Dit het groei veroorsaak. Saamgestelde rente is die effek wat vinniger en vinniger resultate veroorsaak, en dit bring my toe by my grootste persoonlike verbeteringswapen.

AUDIBLE, MY GEHEIME WAPEN

Eendag lees ek 'n artikel. Ja, ek het selfs artikels begin lees! In die artikel praat die persoon van 'n toepassing ('n *app*) wat sy lewe verander het omdat die toepassing boeke vir hom lees. Wat! het ek gedink, dis fantasties! Dink net hoeveel boeke ek sal kan lees as iemand die boek vír my kan lees! Die toepassing se naam is

Audible en ek het nie gras onder my voete laat groei nie, maar dadelik die toepassing afgelaai.

Die res is geskiedenis. Tot vandag toe luister ek na boeke terwyl ek bestuur of in 'n ry by die bank wag. Waar ook al ek 'n gaatjie vind, luister ek na 'n boek op Audible.

Nou kom ek verduidelik hoe hierdie wapen my leesvermoë tien keer verbeter het. Ek het daardie tyd 'n gemiddeld van drie ure per dag bestuur. Dit beteken ek kon elke dag drie ure na 'n boek luister. Terloops, die beste tyd om na boeke te luister, is terwyl jy bestuur. Ek het gevind dat om op 'n bank te sit en na 'n boek te luister, nie so lekker werk nie. Jy verloor gou konsentrasie; daarom is dit beter om 'n boek te lees as jy op 'n bank of op die strand sit. Die gemiddelde boek is ongeveer sewe ure lank. So, in twee tot drie dae kan ek 'n boek klaar luister. Dit beteken, in een maand kan ek na tien boeke luister, waar ek net een tot twee boeke kan lees.

Omdat ek begin lees het, het die saamgestelde rente oor 'n tydperk in plek begin val en het soortgelyke goed as Audible oor my pad gekom, wat momentum begin het.

Soos ek hier skryf, kyk ek na my boekrak en daar is 35 boeke op die rak wat ek gelees het. Maar as ek Audible op my foon oopmaak, is daar 311 boeke wat ek reeds klaar geluister het. Dit alles in drie en 'n half jaar!

WAT IS DIE VOORDELE VAN LEES

Mense vra my gewoonlik die vraag: "Hoe pas jy die goed wat jy lees toe?" Soms kry 'n mens 'n magdom waardevolle inligting in 'n boek en jy wil dit graag alles implementeer. Die waarheid is dat dit nie moontlik is nie, want binne 'n paar dae vergeet 'n mens (of dalk moet ek eerder sê "ek") meer as die helfte van die waardevolle inligting.

Dit is jou keuse: jy kan die boek weer lees of weer luister. Maar ek is te nuuskierig en kan nie wag om te uit te vind wat die volgende skrywer te sê het nie.

Wat ek gevind het, is dat die boeke oor 'n tydperk met mekaar begin praat, selfs met die Bybel. Byvoorbeeld, as ek moet raai, dink ek in 35% van die boeke wat ek gelees of na geluister het, praat die skrywer oor hoe belangrik dit is om in jouself te belê. Die verskil is maar net die hoek waaruit die skrywer kom of die manier waarop hy dit sien.

Om goed te leer is soos om gras te sny – na 'n paar weke moet jy die gras weer sny. Omdat jy nie altyd kans kry om dit wat jy in die boek geleer het, te gebruik nie, raak dit later verlore. Ek dink dis vervelig om dieselfde boek dan weer te lees; dis meer interessant om 'n nuwe boek te lees.

Soos jy 'n nuwe boek lees, onthou jy dat dit presies is soos skrywer X ook in sy boek gesê het, en glo my, dit gebeur baie. In my geval is ek verstom oor hoe baie goed met die Bybel verbind word. Voor jy jouself kom kry, is daar waardevolle inligting in jou kop ingeprent en jy bevind jouself op 'n hoër vlak as die gemiddelde. Jou filosofie verander. Opinies wat nooit vir jou sin gemaak het nie, maak nou sin.

Het jy al gevoel jy is seker wat die regte manier is om iets te doen? Maar jy is nie 100% seker daarvan nie, want die mense rondom jou doen dit nie so nie. Tog maak dit vir jou sin om iets op 'n spesifieke manier te doen. Nou, as jy die regte boek kry, lees jy iewers raak dat dit wel moontlik is en dat dit die regte manier is. Dit is wanneer jy sekerheid kry en skielik kyk jy anders na die wêreld as die mense rondom jou.

BYVOORBEELD

Vir lank het ek gedink skool is 'n mors van tyd, grootliks omdat ek skool gehaat het. Ek het ook gedink skool breek kinders se drome af en leer hulle dat hul drome nie moontlik is nie. "Pietie, moet jou nou nie laf hou nie, jy sal nooit maan toe kan gaan nie!" of "Ai, Sannie, jy sal nooit jou eie hospitaal kan besit nie. Leer eerder hard en word 'n verpleegster!" In my geval was dit: "Bertus, om 'n besigheid te begin is moeilik, eintlik onmoontlik. Gaan werk eerder vir jou pappa op die plaas."

Ek wil nou nie te diep op hierdie onderwerp ingaan nie. Die punt is, dit is hoe ek daaroor dink, maar ek wil nou nie gaan staan en my opinie deel nie; netnou maak ek my naam gat. So, ek hou my opinie vir myself en dit maak my dan kwesbaar dat ek oor tyd dalk regtig gaan dink: wel, skool is eintlik regtig goed en ek was verkeerd. Dít sonder dat ek werklik daaroor gekommunikeer het. *Terloops, dit beteken die momentum beweeg verkeerde kant toe.*

Ek en my vrou het 'n vriendin wat die woorde "Jy sien!" in ons woordeskat vasgepen het as 'n oomblik wanneer iets sin maak.

Hier is 'n lys van boeke wat ek gelees of geluister het wat dieselfde mening as ek oor skool het, en toe ek dit gelees het, sê ek: "Jy sien! Die bliksems."

Fake deur Robert T. Kiyosaki

Unscripted deur M.J. DeMarco

Linchpin deur Seth Godin

The code of the extraordinary mind deur Vishen Lakhiani

Nie net het hierdie boeke my opinie bevestig nie; dit het ander waarhede oor die onderwerp ook uitgelig.

Ek wil dit net gou duidelik maak dat my intensie hier nie is om jou te oortuig dat skool sleg is nie; dit is net 'n voorbeeld van hoe ek oor iets gevoel het en dat die boeke hierbo bevestig het dat ek reg is en dat daar eintlik meer aan die idee is. So het ek selfvertroue in my standpunt gewen, en daarom sien ek dit as een van die voordele van lees.

Dieselfde gebeur as jou opinies verkeerd is. Dan help boeke jou om te besef dat jy verkeerd is en dat daar eintlik baie meer redes is as wat jy dink, met bewyse waarom jy jou opinie moet verander.

Jy het dalk iets heeltemal anders binne jou waaroor jy onseker is, maar baie sterk in glo, terwyl die mense om jou van jou verskil. As jy op die regte boeke afkom, belowe ek jou, jy gaan anders voel en anders kyk na die wêreld, en jy gaan dit met selfvertroue doen.

So begin jou momentum en jy begin goed anders doen, want die biljoenêr het in sy boek gesê die manier waarop jy die spesifieke scenario sien, is reg en hoe kan jy nou wil stry met 'n biljoenêr wat dit reeds gedoen het en met die bewyse sit dat dit werk?

SUID-AFRIKANERS IS GEHEIMSINNIG

Ek is ook skuldig. In my besighede is daar baie geheime wat maak dat ek beter is as my mededingers. Om dit met die wêreld te deel maak net nie sin nie. Hoekom wil ek nou my geheime sous se resep op die tafel sit, nè?

Ek het byvoorbeeld een keer 'n gratis aanlyn kursus oor digitale bemarking voltooi en dit het daartoe gelei dat ek die persoon se boeke toe ook koop en lees. Die kursus was goed, maar die boeke nog beter. Ek het my taksidermie op daardie manier begin bemark, en my verkope het in die eerste jaar met 44% gestyg en die jaar daarna weer met 28%.

Ek het daardie boeke met geen persoon gedeel nie. Dit was my geheim. Tyd het my egter geleer dat ek my kennis moet deel, en dit is waarom ek nou hierdie boek skryf. Ek is van mening dat dit dieselfde is vir al hierdie suksesvolle mense: hulle kom op 'n plek waar hulle voel hulle moet hul geheime met die mense daarbuite deel.

As jy 'n goeie boek in jou veld kry, kan jy maar weet, dié boek is 'n skatkis van geheime wat eers nie gedeel is nie en dit is geheime wat op 'n baie harde manier geleer is. Jy moet nou net die boek koop en op jou gat gaan sit en dit lees en dít, my vriend, is seker die grootste voordeel wat jy ooit kan kry wanneer jy 'n boek lees.

Natuurlik sal ek daardie twee bemarkingsboeke met julle deel. Hulle is:

Dotcom secrets deur Russell Brunson

Expert secrets deur Russell Brunson

HOE OM TE BEGIN

Ek dink die belangrikste ding om in ag te neem, is dat jy met 'n goeie boek moet begin. Die vet weet, moet nou nie gaan staan en *Kringe in 'n bos* lees nie! Kry 'n boek waarin jy baie belangstel en maak seker die boek het baie goeie verwysings.

Op Audible, byvoorbeeld, is daar 'n vyfster-resensiestelsel en jy kan sien hoeveel mense het die boek gegradeer en dan kan jy hul resensies lees. Ek kyk altyd vir boeke wat ten minste meer as 1 000 resensies ontvang het en darem vier tot vyf sterre het.

Maar vir nou, omdat dit vir my belangrik is dat jy op die regte voet moet begin, gaan ek vir jou 'n lys gee van boeke wat ek dink 'n belangstelling in lees by jou sal kweek.

OM JOUSELF TE VERBETER

The 5 am club deur Robin Sharma
The compound effect deur Darren Hardy
En vir vroue – *Girl, wash your face* deur Rachel Hollis

VIR MOTIVERING

Secrets of the millionaire mind deur T. Harv Eker
The power of ambition deur Jim Rohn
Think and grow rich deur Napoleon Hill

HOE OM JOU BESIGHEID TE VERBETER OF HOE OM 'N BESIGHEID TE BEGIN

The e-myth revisited deur Michael E. Gerber
The 4-hour work week deur Tim Ferris

HOE OM MET GELD TE WERK

I will teach you to be rich deur Ramit Sethi
The richest man in Babylon deur George S. Clason
The total money makeover deur Dave Ramsey

VIR LEIERSKAP

Extreme ownership deur Jocko Willink en Leif Babin
The hard thing about hard deur Ben Horowitz

HOE OM JOU VERKOPE TE VERBETER

Influence deur Robert B. Cialdini
Sell or be sold deur Grand Cardone

VIR BEMARKING

Building a story brand deur Donald Miller
Dotcom secrets deur Russell Brunson

VIR TYDBESTUUR

15 secrets successful people know about time management deur Kevin Kruse
Getting things done deur David Allen

HOE OM AUDIBLE TE KRY

Audible is beskikbaar teen 'n subskripsiefooi van ongeveer 15$. Dis nou vir vandag, 16 Januarie 2020, en die prys gaan seker met die tyd verander, so moet asseblief nie later sê ek jok nie.

Die eerste stap is om 'n rekening oop te maak by www.audible.com. Gaan na die webwerf toe en klik op die oranje knoppie wat sê "Click to try audible for free".

Nou moet jy inteken met jou Amazon-gebruikers-naam en -wagwoord. As jy nie 'n rekening by Amazon het nie, moet jy eers gou een oopmaak deur net op die grys knoppie te klik wat sê "Create your Amazon account".

As dit alles gedoen is, moet jy net jou kredietkaart of debietkaart inlees sodat die betalings maandeliks kan afgaan van jou rekening. (Moenie bekommer nie, jy kan dit enige tyd stop, maar onthou, dan belê jy nie meer in jouself nie!)

Geluk! Nou het jy 'n Audible-subskripsie en die eerste maand is gratis, plus ek dink jy kry drie boeke ook verniet. Hul promosies verander met die tyd, so miskien is dit nie meer so wanneer jy hierdie boek lees nie.

Die laaste stap is om die toepassing op jou foon af te laai. Sodra die toepassing op jou foon is, moet jy inteken met jou Amazon-gebruikersnaam en -wagwoord.

Gaan kies nou vir jou 'n goeie boek, druk daardie gonsproppies in jou ore en luister na jou boek terwyl jy gaan kyk hoe die beeste wei!

Jy kry elke maand een krediet, en met 'n krediet kan jy een boek koop. As jy later die maand nog 'n boek wil koop, het jy twee opsies.

OPSIE NOMMER EEN:

Jy kan nog drie krediete koop, maar onthou, jy kan dit nie deur die toepassing op jou foon doen nie; jy moet weer na die webwerf, www.audible.com, toe gaan om krediete te koop. Ek hou van dié opsie, want dan kan ek weer die boeke wat ek wil hê deur die toepassing op my foon koop. Neem dus kennis dat jy slegs met krediete op die toepassing kan koop.

OPSIE NOMMER TWEE:

Jy kan na die webwerf www.audible.com toe gaan en die boek kies wat jy wil luister, dit doodeenvoudig koop teen die prys waarvoor Audible dit adverteer en Amazon sal outomaties die geld van jou kredietkaart of debietkaart aftrek.

Nou toe, jy het nou geen verskoning nie. Jy kan nou, in plaas daarvan om op sosiale media rond te neuk, 'n boek lees of, as dit nie werk nie, kan jy selfs 'n boek luister. Die keuse is joune.

KIES JOU VRIENDE REG

"THE REBELS OF DOOM"

November 1997. Ek is in standerd agt. Oor twee weke is dit vakansie en dan is standerd agt se doppie geklink. Dit is 'n lekker tyd van die jaar; die meeste kinders en onderwysers is in 'n vrolike, vrygewige vakansiebui.

Ek kan nie wag nie. Skool is nou maar net nie my ding nie. Ek trek die kruisies in my dagboek soos 'n tronkvoël, min wetend dat ek binne 'n paar minute die slegste nuus van my hele skoolloopbaan gaan kry.

Kyk, ek kan dit nie 'n geheim hou nie; ek was 'n stoutgat, en nie die Trompie-en-die-Boksombende-tipe stout nie ... nee, dit was meer soos *the rebels of doom*, dis nou as daar so-iets bestaan. As ek moet raai, sou 'n sielkundige dalk daardie tyd gesê het: "Bertus se probleem is, hy hou nie van skool nie." Dalk nie, maar een ding is vir seker: ek sou my bes probeer het om sy vrae so te antwoord dat dit wel later sy diagnose sou wees.

Ek kan net dink wat my ouers moes dink as hulle my op 'n Vrydag by die koshuis kom haal het en ek verskyn om die hoek met my swart Metallica-T-hemp en 'n broek wat aan my heupbeen vasklou en hang tot by my vuil *sneakers*. My pa het seker gedink: Moet ons nou dié ding plaas toe vat!

Die interkom gaan af in die klas en juffrou Vermeulen maak die klas stil sodat ons kan hoor wat die afkondiging is. "Kan Bertus Steenkamp asseblief kantoor toe kom, Bertus Steenkamp," krap en skree die luidspreker. Wat te hel is dit nou? wonder ek.

By die kantoor vind ek uit dat ek na meneer Olivier se kantoor toe moet gaan. Hy is een van die adjunkhoofde. Weer vra ek myself af, "Wat te hel?" en stap deur na sy kantoor toe. Onderwysers is baie goed om jou eers so 'n bietjie te laat wonder wat dit nou eintlik is, veral as jy 'n probleemkind is wat uit 'n goeie huis kom.

Dalk is dit 'n baie groot administratiewe saak om 'n kind te skors en daarom probeer meneer Olivier toe eers 'n ander opsie. Die punt is, meneer Olivier se intensies was goed, al het ek dit daardie tyd nie so goed verstaan nie.

Meneer Olivier gooi toe die *pawpaw* in die *fan* en sê: "Bertus, ons weet van jou en jou vriende se daggarokery. Die polisie was vanoggend hier met hierdie verslag," en hy skuif die verslag oor die tafel. Ons almal se name is daarop en baie inligting oor ons doen en late. Gelukkig was die polisie nie agter ons as verbruikers aan nie. Hulle het meer die kalant wat die goed verkoop, probeer vastrek en ons was net deel van die ondersoek – of so dink ek.

Meneer Olivier laat my verstaan dat daar baie opsies is om die situasie te hanteer en dat hy voel dat dit vir seker nie geheim gehou mag word nie. "Ons sal jou ma en pa moet inroep en jy sal vir hulle moet sê wat dit is wat jy gedoen het. Ek sal seker maak dat jou pa jou nie vermoor nie," sê hy.

Dit voel of 'n trein my trap. Vandag weet ek dat dit in werklikheid wel 'n trein was, en nie enige trein nie, maar een met baie momentum, wat agteruitbeweeg. Dis hoe dit voel wanneer spyt te laat kom.

Nou trek ek nie meer die kruisies in my dagboek vir die vakansie nie, maar vir die ontmoeting met my ouers in meneer Olivier se kantoor.

My probleem was nie die feit dat ek skool gehaat het of gerebelleer het teen my ouers nie. My probleem was my vriende. Een van my vriende is uit Thabazimbi Hoërskool geskors. Dan was daar die dominee se seun, en jy weet wat ek dáármee bedoel! Ons was 'n groep van vyf wat almal in dieselfde soort musiek belanggestel het, met al die tierlantyntjies wat daarmee gepaardgaan.

Ons almal maak foute; ons moet net kies of ons daaruit gaan leer of nie. Ek het gekies om daaruit te leer, en waar ek eers gespot het met die woord "groepsdruk", het ek groepsdruk ernstig begin opneem. Later in my lewe, soos ek in myself belê het, het ek begin leer dat groepsdruk 'n positiewe kant het en dat positiewe groepsdruk baie kragtig is en die vermoë het om jou lewe in minder as 'n jaar tien keer te verbeter.

Moenie my woord daarvoor vat nie. Kyk na biljoenêr Dan Pena wat sê: "Show me your friends and I will show you your future." En oorlede Jim Rohn, met 'n netto waarde van ongeveer $500 miljoen, het gesê: "You are the average of the five people you spend the most time with."

As jy 'n selfverbeteringsboek lees of begin lees, sal jy opmerk dat dit kort-kort ter sprake kom dat jy jouself moet omring deur vriende beter as jy, vriende wat jou sal motiveer en ondersteun. Ook die Bybel praat daaroor in Spreuke 13:20: "Gaan met die wyse om, dan word jy wys; maar hy wat met dwase verkeer, versleg."

Dit is 'n basie beginsel! Dink daaroor: As jou dogter môre by die huis aankom met een of ander agterkopkuiken van 'n kêrel, sal jy mos dadelik dink dat die kalant 'n slegte invloed gaan wees. Nou waarom dink ons dan nie watter soort invloed die vriende rondom ons op die oomblik in ons lewe het nie.

DIE VOORDELE VAN GOEIE, SUKSESVOLLE VRIENDE

Drie jaar gelede het een van my vriende so in die geselskap gesê: "Dit is kritiek belangrik dat jy te alle tye ten minste eenmiljoen rand in jou bankrekening het. Want, eerstens, dit hou jou in 'n goeie gemoed wetend jy het fondse beskikbaar." Dink daaroor: wanneer jy geld in die bank het, dan voel jy beter as wanneer jy niks in jou bankrekening het nie. So, dis eenvoudig: as jy goed wil voel, maak seker daar is altyd 'n miljoen in jou rekening. Hy sê toe verder: "En, tweedens, as daar 'n goeie geleentheid verbykom, dan het jy fondse om voordeel uit die geleentheid te trek. Ek noem dit woekergeld."

Ek staan en kyk hoe almal met hom saamstem en deel dat hul ook altyd ongeveer 'n miljoen of twee in hul rekening beskikbaar het. Ek dink toe by myself: Bertus, jy is die enigste poephol met 'n minus voor jou miljoen in die bank. Jy beter jou gat in rat kry!

Dit is wat goeie vriende doen. Hulle sê nie "Bertus, nou sê vir ons hoeveel geld het jy in jou rekening sodat ons kan sien of jy reg is vir die groep" nie. Nee! Slegte mense doen dit. Die normale samesyn met goeie vriende stel die standaard en jy begin doodeenvoudig inpas. Ek het nie nodig om my swak omstandighede te deel nie. Wel, as ek wil, kan ek; hulle sal my dan ondersteun. Die punt is, groepsdruk vind plaas as my vriende altyd met 'n miljoen in hul rekening rondloop. Wel, dan moet ek ook, en so begin die soektog na moontlikhede van hoe om dit reg te kry.

Glo my of nie, een jaar en agt maande later, toe het ek ook eenmiljoen rand in my spaarrekening. Ek het 'n *screenshot* van my foon gevat, want ek kon dit nie glo nie. Dit is nie net as gevolg van die gesprek nie (alhoewel dit daartoe bygedra het); dit is die deurlopende aanpassing van klein gewoontetjies en maniertjies wat van my goeie vriende afsmeer aan my, en dit verg in werklikheid geen moeite nie.

Ek gaan hierdie gedeelte kort hou. Dit is baie eenvoudig, want wat basies gebeur, is, jy word soos hulle. Hulle smeer af aan jou. Waar slegte vriende jou aftrek na hulle standaard toe, so trek goeie vriende jou op na hulle standaard. Jy moet net kies: wil jy dikbek wees en verswak, of wil jy groei en verbeter? As jy besluit het, kies jou vriende dan daarvolgens en hulle sal jou motiveer om suksesvol te wees.

Ek dink dit is ook belangrik om te noem, voor ek aanbeweeg, dat daar in vriendskap nie plek is vir jaloesie of afguns nie. As jaloesie jou slaan, moet jy dit vinnig omskakel in motivering of jy is jou vriendskap kwyt. Jaloesie is sigbaar, so pasop!

HOE OM TE BEGIN

Begin vandag nog. Sit die boek eers neer en begin ondersoek instel en bepaal wie is die mense met wie jy die meeste tyd spandeer. Maak 'n lys van hulle name en agter elke persoon se naam skryf jy neer, op 'n skaal van een tot tien, wat elke persoon se waarde in jou lewe is. Een is baie negatief en tien baie positief.

Ek weet dit klink lelik, maar jy sal stadig maar seker minder tyd moet spandeer met die mense wat 'n negatiewe invloed in jou lewe het en meer tyd met die mense wat 'n positiewe invloed in jou lewe het. So eenvoudig soos dit.

Dit is dalk eenvoudig, maar glo my, dis nie maklik nie. Buiten die feit dat jy dalk sleg mag voel omdat jy minder tyd saam met sekere mense gaan spandeer wat daaraan gewoond is dat jy baie tyd met hulle spandeer, is daar 'n ander duiwel wat ook sy kop kan uitsteek, en dit is dat negatiewe mense met 'n slegte invloed 'n manier het om vas te suig aan jou soos bloedsuiers in die Palalarivier. Dis 'n proses waarin jy met emosionele selfbejammering en soms sarkasme te doen gaan kry. Dit is glad nie maklik nie, maar as jy eers besef wat die erns van die saak is, dan is jy gemotiveer om deur te druk.

Dan moet jy begin om meer tyd met die positiewe mense te spandeer – die mense met 'n tien agter hulle name. Dis ook belangrik dat jy 'n positiewe gesindheid met hulle deel.

As jy bedruk, moedeloos, negatief en diep in slegte skuld is, is die kans goed dat daar maar min positiewe mense is op jou lysie van mense met wie jy jouself omring. Soort soek soort, en mense wat positief is, gaan onbewustelik jou bedrukte, negatiewe aura vermy. Dit is om jou eie beswil dat jy jouself moet verander, met ander woorde, in jouself moet belê. Die vet weet, as daar nie positiewe en ambisieuse mense in jou lewe is nie, is jou kans om iets van jou lewe te maak maar skraal.

Ruk jouself reg! Raak ontslae van die negatiewe bloedsuiers! Kyk vir jouself in die spieël en begin 'n positiewe denkwyse oor jouself. Dit is belangrik dat jy jouself positief moet kry oor hoe jy lyk, wat jy doen en wat mense aan jou doen. Jou eie positiwiteit gaan ander positiewe mense aantrek, so kry jou gat in rat en praat met jouself op 'n positiewe manier.

As ons op die plaas vleis verwerk het, mag ons nooit na die *silverside steaks* verwys het as swak *steaks* nie. My pa sou jou vinnig laat verstaan dat dit nie swak *steaks* is nie; dit is "minder lekker *steaks*". Is jou glas halfleeg of halfvol? Kyk positief na jou omstandighede sodat jy positiwiteit kan uitstraal, en wees jouself om sodoende positiewe vriende nader te trek.

SOSIALE MEDIA

Die maklikste manier om jouself met positiewe invloed te omring, is met sosiale media. Dit is gratis en jy kan suksesvolle, positiewe mense regoor die wêreld volg. Vir 'n begin hou ek daarvan om die skrywers van die boeke wat ek gelees of waarna ek geluister het op sosiale media te volg.

Net so kan jy ongelukkig die slegte nuus regoor die wêreld volg en, nog erger, dit kan sonder jou toestemming ook by jou uitkom.

Die eerste ding wat ek toegepas het as dit by sosiale media kom, is om mense te *unfriend*. As een van my vriende op Facebook 'n artikel oor Julius Malema deel, dan *unfriend* ek hom daar en dan en dit is nie onderhandelbaar nie. Dit vat net een negatiewe plasing op Facebook en jou hele dag is bederf. Daarom het ek my eie reëls oor sosiale media geskep, soos: as 'n *post* my omkrap, *unfriend* ek die persoon wat dit geplaas het, selfs al is dit my ma.

As jy nou gaan en mense links en regs *unfriend*, maar jy plaas self negatiewe goed op sosiale media, skiet jy jouself in die voet. Plaas positiewe goed! Jou positiewe vriende gaan dan positiewe kommentaar daarop lewer en jy gaan voel soos Jan, die bielie van die bosveld. Dit is hoe saamgestelde rente momentum begin bou: soos jy positiewe energie uitstraal, so trek jy meer positiewe mense aan en so word jy nog beter in dit wat jy doen.

Die pad van 'n entrepreneur is eensaam. As jy wil deel raak van 'n groep afrikaanse entrepreneurs wat mekaar ondersteun en bystaan, kan jy www.afrineur. co.za besoek. Jy kan dan hier aansoek doen om deel te raak van 'n groep wat mekaar inspireer en jouself so met goeie vriende omring.

SOEK EN JY SAL VIND

My slegte skuld het my erg begin inhaal en dis toe dat ek besluit het ek gaan drastiese planne moet maak. Ek besluit toe om te begin deur my waardevolste "las", 'n Toyota Land Cruiser 4.2-dieselbakkie, te verkoop. Jy is reg, maklik die moeilikste besluit in my lewe! Wat dit erger maak, is dat ek hom gaan inruil het op 'n Ford. Nie enige Ford nie – 'n klein Ford Figo-karretjie! Die positiewe kant van die storie is, ek ry toe wel 'n Ford Figo, maar ek het geen skuld op die kar nie.

Die rede vir my storie is nie die feit dat ek nie meer slegte skuld het nie. Die punt is eerder dat ek nooit eers geweet het dat daar so-iets soos 'n Ford Figo bestaan het nie. Die oomblik toe ek met die karretjie begin rondry, was ek verstom om te sien dat omtrent elke vyfde kar 'n Ford Figo is. Dis asof die goed kleintjies gekry het!

Jy sien, sodra jy begin fokus op iets of bewus raak van iets, dan begin jy meer en meer daarvan te sien kry en te hore kom. Dit is regtig asof die goed waarop jy fokus, kleintjies kry. Hoekom is dit so? Sien, ek en jy sal mal word as ons al die inligting wat daagliks rondom ons gebeur, moet inneem en dan verwerk. Daar gebeur vreeslik baie rondom my en jou wat ons nooit eers raaksien of van hoor nie. Die rede waarom ons dit nie raaksien nie, is omdat ons nie op die oomblik daarin belangstel nie.

Hier is 'n vinnige oefening: Kyk op en soek goed wat rooi is. Jy sal sien hoe alles wat rooi is ewe skielik begin uitstaan. Nou, as ek vir jou vra hoeveel blou goed jy gesien het, gaan dit nie moontlik wees om te antwoord nie.

Die rede daarvoor is sensoriese hekke of filters wat neurologiese prosesse beskryf wat oortollige of onnodige stimuli in die brein filtreer van alle moontlike omgewingstimuli sodat jy nie al die onnodige inligting opneem en jouself onnodig uitput nie. Daar is 'n sekere nukleus van die talamus in die brein wat 'n groot rol in aandag speel en onnodige inligting uitfiltreer.

Nou wat gebeur as jy begin soek na iets? Wel, dan begin jou brein inligting toelaat oor dit waarna jy soek sodat jy dit kan kry. Die oomblik as jy begin soek na vriende wat jou positief sal inspireer, dan gaan jy hulle begin raakloop.

Kry jouself in 'n positiewe gewoonte en begin dan konsentreer op positiewe mense en jy sal vind, net soos daar in Mattheus 7:7 staan: "Soek, en julle sal vind."

KRY JOU GESONDHEID REG

DIE VET SEREMONIEMEESTER

As daar een ding is waarmee die Steenkamps goed is, dan is dit 'n plaastroue. Ons het geen beperking op die gastelys nie, want my pa sê hy gaan te sleg voel as hy iemand nie genooi het nie. Ek en my lieflike vrou, Yolanda, het op die plaas getrou. My broer en sy Spaanse vrou het ook op die plaas getrou en 12 Mei 2015 het my oudste sussie met haar mielieboer van Ermelo ook daar getrou.

Elke troue op die plaas is beter, soos ons leer uit die vorige troue se foute. En met my sussie se troue onder die maroelabome in die veld, vol liggies en sterre, slaan ons die spyker op die kop met 'n beesmisdansvloer en 'n interessante tapas-menu. Ek is aangestel oor die kroeg en ablusieblokke en is natuurlik ook die seremoniemeester.

Soos ek my sjarmante grappe vertel en die aand lei, kan ek nie help om te voel dat my navyblou pak effens om my buik span nie. En ek nie veel van 'n keuse om die baadjie te dra nie, want trek ek dit uit, dan sien 'n mens hoe span my ingesteekte wit hemp oor my pens —soveel so dat jy die arme knope wat die spul bymekaarhou skoon jammer kry.

Een van my broer se vriende op die troue begin later die aand met my gesels. Nou, dit is belangrik dat ek met julle deel hoe hy sy brandewyn drink. Hy gooi 'n normale dubbelbrandewyn en meng dit met 'n botteltjie klippies en cola. Ja, ek weet, my broer se goeie invloed. Hy sit die een pluimpie in my hoed na die ander soos hy my vertel hoe gelukkig ek is om so suksesvol te wees, terwyl hy wys na my Land Cruiser wat langs die kroeg staan met al die drank vir die troue daarop. Dan vertel hy hoe wonderlik dit is dat ek so 'n groot taksidermie het, en die restaurant, en dat hy vir my wil werk sodat hy kan leer hoe om besigheid te doen. By myself dink ek: Wel, dit lyk dalk goed, maar in werklikheid gaan dit nie so goed nie, maar dankie.

Baie keer lyk dit of mense suksesvol is, maar in werklikheid moet hulle swem om kop bo water te hou. Daardie tyd met my sussie se troue het ek geswem dat die trane loop.

Teen elfuur daardie aand kom staan my broer se vriend weer langs my, en teen dié tyd het sy dub-belbrandewyn met klippies en cola-*mix* al redelik vordering gemaak, met sy voorkoms sowel as sy self-beheersing. "Bertusssss," sê hy vir my terwyl hy stadig 'n tree skuins agtertoe gee, "jy is nou so suksesvol en jy ry 'n Toyota-bakkie, maar kyk hoe VET is jy! Jy pas amper nie eers in jou troupak nie! Hoekom is jy so vet? Ek sal nooit so vet word nie!" So trek hy een van die mense wat verbyloop nader en sê vir hom: "Kyk die ou, dis nou Jacques se broer, hy is baie suksesvol. Ek dink hy moet vir my kom werk. Hy sal my baie ryk maak, maar ek weet nie, kyk hoe VET is hy!"

Eers was ek baie lus om vir hom te wys hoe dit voel as mens al die gewig van die VET waarvan hy praat agter 'n vuis sit en dit dan met momentum vorentoe stuur en deur sy kakebeen jaag. Gelukkig vra ek my broer toe eerder om die skepsel in die bed te gaan sit.

Die voordeel van die storie is dat dit soms nodig is dat jy iets op die harde manier hoor dat dit jou in die werklikheid terugruk en jy tot die besef kom dat jy ernstig iets omtrent jou situasie moet doen. En dit is presies wat daardie aand gebeur het.

Soos 'n sprinkaanspuit waarvan die velletjie lek, presies so is jou gesondheid. As jy oorgewig is, moet jy harder werk om iets te doen omdat jy die gewig ook moet saamdra. Vir jou om effektief te wees, moet jou gesondheid reg wees. As jy fiks en vol energie is, doen jy tien keer meer en sien jy vir soveel meer kans. Plus, jy voel goed oor jouself en dit maak dat jou selfvertroue die hoogte inskiet.

Ek het daardie aand besluit niemand gaan weer vir my sê ek is vet nie. Ek en Yolanda het 'n dieetkundige gaan sien. Ja, sy kos geld en ek moes haar betaal, maar dit was 'n belegging in myself. Ons het by die *gym* aangesluit en 'n persoonlike instrukteur gekry en, ja, dit het baie geld gekos, maar dit was 'n belegging in onsself, want ek en Yolanda het geweet ons is nie goed met die *gym*-storie nie.

In nege maande se tyd het my gewig van 116 kg na 92 kg geval, en ek het besluit ek gaan 'n triatlon doen. Ek is baie sleg daarmee om selfondersoek in te stel oor hoe ek voel en watter soort uitwerking iets op my gemoed het, en so aan; daarom het ek my vrou gevra wat sy sou sê in daardie tyd verander het. Haar woorde was dat ek baie meer energie gehad het; ek het minder rondgesit en meer gehelp rondom die huis. Daar was 'n wesenlike verskil in die huis omdat daar 'n struktuur in plek begin val het. Yolanda sê ook ek was minder depressief en gespanne en my selfvertroue het uitgestaan.

Ek wens ek kon vir jou sê ek het my gesondheid heeltemal onder die knie, maar die waarheid is, ek het nie. Dit is 'n konstante oorlog; soms wen ek en soms verloor ek. Ek glo die ding wat die belangrikste is, is dat ek en jy die erns van gesondheid besef en dit ons motiveer om in ons gesondheid te belê en altyd daarvoor te bly baklei.

DIE VOORDELE DAARVAN OM GESOND EN FIKS TE WEES

Gewoonlik wanneer jy oefen, is jy geneig om te dink dat dit goed is vir jou hart. Dit is waar; dit is baie goed vir jou hart, maar wat ons vergeet, is dat oefening en 'n gesonde dieet ook goed is vir jou brein.

'n Goeie boek hieroor is *Spark the revolutionary new science of exercise and the brain* deur John J. Ratey. In die boek vertel Ratey hoe hulle twee skole gevat het en die een skool se kinders elke oggend laat oefen het en die ander skool nie. Die resultate was dat die skool waar die kinders elke oggend geoefen het, akademies beter presteer het as die ander een. Ek het die boek baie geniet. Gaan lees dit gerus. Ratey gaan dieper in op hoe die wetenskap daaragter werk.

Oor die jare heen het studies bevind dat om aktief te wees, die breinfunksie en energie kan verhoog, wat weer die risiko van demensie kan verlaag.

Gereelde oefening help ook om jou libido te verhoog. As jy oefen, produseer die brein endorfiene, wat die vrystelling van geslagshormone stimuleer. Hierdie hormone verlaag jou hartklop, verbeter spysvertering, verlaag bloeddruk en kortisolvlakke en laat die liggaam ontspan.

Ons hoor al jare lank dat gereelde fisieke aktiwiteite jou knorrige bui kan verbeter, maar dit doen nog veel meer as dit. Wanneer jy oefen, word neurosenders en endorfiene vrygestel, wat depressie verlig. Boonop verhoog jy jou liggaamstemperatuur, wat 'n bewys is dat dit jou senuwees kalmeer.

Vir my is die grootste voordeel van oefening en gesonde eetgewoontes dat jou algemene lewenskwaliteit verbeter, veral as dit by jou werk kom. Nie net verbeter oefening jou selfvertroue in die werkplek nie, wat jou help om leierskapsrolle aan te neem en beter te presteer, maar dit verhoog ook jou algehele produktiwiteit en fokus.

Om 'n lid van 'n *gym* wees kan boonop goed wees om jou vriendekring te vergroot. Om mense soos jy, met gemeenskaplike doelwitte, te ontmoet, sal jou sosiale lewe nie net verbeter nie, maar ook help om jou gemotiveerd te hou op jou reis na fiksheid.

HOE OM TE BEGIN

Ek stel voor jy gaan sien 'n dieetkundige. Dit is 'n goeie idee om die hele gesin te vat as jy reeds getroud is en kinders het. Dit is belangrik vir jou hele familie om gesond te lewe. 'n Afspraak sal min of meer R700 kos. As jy 'n gesin soos myne het, dan kos dit dieselfde as een ete vir julle almal by die Spur.

Sluit aan by die *gym*. Ek glo dat dit nie 'n goeie idee is om alleen te gaan nie. Die beste is om 'n persoonlike instrukteur te kry wat nie stront vat nie. Maak net seker hy of sy weet wat om te doen en het darem 'n bietjie ervaring. 'n Persoonlike instrukteur kos ongeveer R200 tot R300 per sessie, en jy moet ten minste drie keer per week gaan. As jy voel dit is te duur, oorweeg dit om eerder met 'n vriend *gym* toe te gaan – iemand vir wie jy kan motiveer en wat jou ook sal motiveer om gereeld *gym* toe te gaan.

Ek dink dit is belangrik dat jy jouself nie ooroefen en te hard druk in die begin nie, maar probeer ten minste om by 30 tot 60 minute se oefening uit te kom. Een van jou grootste doelwitte moet wees om jou hartklop hoog te hou. Dit hang natuurlik af van hoe oud jy is. In my geval moet ek my gemiddelde hartklop bo 145 slae per minuut te hou vir ten minste 30 minute.

Onthou, enige oefening is beter as geen oefening!

Begin om in die oggend as jy opstaan te gaan stap en dan later 'n bietjie te draf. Maar die punt is, doen iets! Sien jou moeite as 'n belegging wat saamgestelde rente begin verdien. En onthou, met saamgestelde rente is daar aan die begin baie min tot geen resultate nie; die resultate kom later, soos wanneer jy 'n triatlon doen en jy nie kan glo jy het dit reggekry nie. Dit is wanneer jy agterkom saamgestelde rente het jou 'n yster gemaak!

Ek het myself nou so gemotiveer met die hoofstuk, ek gaan gou 'n draffie vat. Sien jou in die volgende hoofstuk!

HOU 'N JOERNAAL

DIE ONTSTELLENDE NUUS

Ek het in 2016 'n groot kans gevat om my hele taksidermiebesigheid van die plaas af na Lephalale (Ellisras) te skuif. Dit was 'n baie spanningsvolle tyd, maar dit het goed betaal. Ek het die besigheid daardie jaar weer in die regte spore geruk en groei het plaasgevind.

Een jaar net voor die jagseisoen begin, kry ek die ontstellende nuus dat vyf jagondernemers met wie ek besigheid doen, wil saamsmelt en hul eie taksidermie open. Hulle kontak ook my topbestuur en vra of hulle sou belangstel om oor te skuif na hul nuwe, toekomstige taksidermie. Die tydsberekening van hierdie jagondernemers was baie sleg, want dit was net voor die jagseisoen begin. Om vyf jagondernemers en my topbestuur in dié tyd te verloor, sou katastrofies wees.

In plaas daarvan om proaktief te wees, tree ek toe reaktief op en besluit ek moet my besigheid in die mark sit. Aangesien Trophex teen so 'n goeie spoed groei, behoort ek 'n goeie prys te kry en soos die slim mense sê, "koop as dit sleg gaan en verkoop as dit goed gaan". Op daardie stadium was daar 'n persoon wat baie belanggestel het in die koop van Trophex en ek het hom gekontak. Tot my geluk het hy nog belanggestel en die bal was aan die rol.

Eers moes ons die waarde van my besigheid bepaal en dan oor die prys onderhandel. Om die waarde van die besigheid te bepaal, moes ons na goed soos die finansiële state, die laaste drie jaar se groei, bates en laste, ensovoorts, kyk. Dit is alles inligting wat oor Trophex beskikbaar was danksy boekhouding van transaksies oor die leeftyd van die besigheid.

Toe ons uiteindelik op 'n prys ooreenkom, besef ek dat ek besig was om reaktief op te tree en dat dit my lelik sou seermaak as ek nie uit 'n proaktiewe oogpunt na die situasie kyk nie. Ek raadpleeg toe my joernaal en lees daarin dat ek ongeveer elke jaar op min of meer dieselfde tyd daardie vrees gekry het vir die jaar wat voorlê, en dit was gewoonlik net voor die jagseisoen sou begin.

Soos ek ondersoek instel deur my joernaal te lees, besef ek toe dat ek oor die vorige drie jaar op een of ander soortgelyke manier te hore gekom het van 'n jagondernemer wat sy besigheid weg van my taksidermie sou skuif of sy eie taksidermie wou begin. Later in die jaar lees ek dan weer dat die jagondernemer uiteindelik nie geskuif het nie of nie sy eie taksidermie begin het nie. Daar was wel kere wat ek besigheid verloor het, maar elke keer het ek die plek weer gevul met 'n nuwe en beter jagondernemer. Dieselfde het gebeur met my personeel; in die meeste gevalle wanneer ek 'n bitter goeie werker verloor het, het ek weer 'n beter werker aangestel.

Gou het ek besef dat ek 'n goeie besigheid teen 'n swak prys wou verkoop omdat ek desperaat was en dadelik het ek die koper laat weet dat ek van plan verander het en dat ek nie meer die besigheid wou verkoop nie.

Wat het gebeur? Wel, ek het een van die vyf jagondernemers verloor, maar net vir 'n tyd lank. Later die jaar het hy sy werk teruggeskuif na my toe. En my bestuur? Wel, hulle weet hoe om risiko te bestuur en die beplande skuif was vol rooi ligte; so, hulle het besluit om eerder by Trophex aan te bly.

WAT IS DIE REDE VIR MY STORIE?

Ek het gedink die storie verduidelik op verskeie maniere die belangrikheid daarvan om 'n joernaal te hou. Ek wil dit gebruik om jou aan te moedig om so gou moontlik te begin om jou eie joernaal in plek te kry.

In die boek 12 rules for life – an antidote to chaos deur Jordan B. Peterson verwys hy in sy vierde reël daarna dat jy jouself moet vergelyk met wie jy gister was en nie met iemand anders nie. (Nog 'n baie goeie boek wat jy kan lees!) Om jouself te vergelyk met wie jy gister was of wie jy in die verlede was, moet jy 'n soort rekord hê van wat jy gedoen het om te sien of jy vordering maak.

As jy in iets belê, soos op die aandelemark, wil jy die geskiedenis van die besigheid sien, soos Trophex se boeke, en dit is hoe 'n mens die waarde van iets bepaal. As daar geen rekord is nie, wel, dan is dit 'n van-die-heup-skietery, en ons almal weet jy kan nie 'n koedoe op honderd-en-vyftig meter van die heup skiet nie. Jy sal ook wil weet wat het gebeur as daar 'n resessie was, soos in die jaar 2008, sodat jy kan bepaal wat die skade gaan wees as iets soortgelyks weer gebeur.

Daar is baie maniere om 'n joernaal te hou. Jy sal later meer daaroor lees. Vir nou moet jy net na die joernaal kyk as 'n boekhoustelsel van jou lewe. Jy wil tog in jouself belê en as jy in iets wil belê, wil jy weet hoe jou belegging (dis nou jyself) vorder en in wat presies jy moet belê om groei te verseker.

Jou joernaal moet soos 'n besigheid se finansiële state vir jou werk. Jy moet jou joernaal gebruik om 'n begroting vir jou toekoms op te stel op verskeie vlakke, soos jou emosionele toestand, jou produktiewe tye of besluite, af dae en foute wat jy maak, en so meer.

Gestel jy skryf Februarie in jou joernaal dat jy gespanne is oor jou finansies vir die maand en jy vra jouself af: "Waaroor is ek spyt? Wat kon ek beter gedoen het om die situasie te vermy?" En in jou joernaal skryf jy dat jy geld kon gespaar het in, byvoorbeeld, Julie toe dit beter gegaan het. Nou kan jy jou joernaal gebruik wanneer jy by Julie kom om te sien wat jy beter kan doen as die vorige jaar, en dit is om geld te spaar vir volgende jaar Februarie.

Jou joernaal gaan ook vir jou uitlig dat gebeure nie so erg is soos wat dit vir jou op 'n spesifieke oomblik voel nie. Dink 'n bietjie oor jou verlede. Dink aan al die moeilike tye waardeur jy is, en as jy kan onthou hoe dit gevoel het, nog beter. Nou dink 'n bietjie so daaroor: hier is jy nou en jy skop nog, jy bly nie in grot nie en dit is nie die einde van die wêreld nie. As jy dit neerskryf, dan begin jy oor tyd sien dat daar 'n siklus is waardeur jy gaan en dat daar werklik maniere is om, eerstens, nie die siklus te vrees nie en, tweedens, dalk die siklus te breek.

Dit punt is, ons vergeet die detail van ons geskiedenis, soos hoe ons gevoel het, of ons positief was, en so aan. As jy dit neerskryf, kan jy daaroor reflekteer en daaruit leer.

VOORDELE VAN 'n JOERNAAL

Die proses om 'n joernaal te hou is 'n baie goeie manier om teenwoordig te wees om jou gedagtes terug te bring na die hede. Dit is belangrik dat jy weet wat nou gebeur en waarmee jy nou besig is en hoe dit jou nou laat voel. Sien dit as 'n manier van bewusmaking. As jou besige dag jou eers insluk en agtuur vanaand uitspoeg, gaan die konstante oefening van joernaal hou jou help om perspektief te kry oor waarmee jy besig is en hoe jy daaroor voel.

DANKBAARHEID

In Tom Keifer se woorde: "You don't know what you've got 'til it's gone." Om neer te skryf waarvoor jy dankbaar is, bring jou terug in perspektief omdat ons soms vergeet wat ons het en hoe dit ons vandag help.

Om 'n joernaal te hou help dat jy herinner word aan wat jy het, hoe belangrik dit vir jou is en hoe gelukkig jy is om dit in jou lewe te hê. Wanneer jy so daaroor dink, het 'n mens 'n gewoonte om beter daarna te kyk en, belangriker, jy voel beter oor jou omstandighede. Tony Robins sê: "You can't be angry and grateful simultaneously. You can't be fearful and grateful simultaneously. So, gratitude is the solution to both anger and fear, and instead of just acting grateful, I think of specific situations that I'm grateful for, little ones and big ones."

Ons is van kleins af geleer oor dankbaarheid, soos dit ook in 1 Thessalonicense 5:18 staan: "Wees in alles dankbaar, want dit is die wil van God in Christus Jesus oor julle." Dit is nog 'n basiese beginsel in die lewe waarvan ons baie vinnig vergeet. 'n Joernaal sal jou egter help om weer in lyn te kom met hierdie beginsel.

SKEP STOORSPASIE IN JOU BREIN

Ek onthou een jaar het ek 'n onderhoud met 'n taksidermis gevoer. Sy naam was Maxwell. Maxwell het 'n blesbok gekry om te monteer sodat ek kon sien of hy die werk kon doen. In die proses het Maxwell die heeltyd voorstelle gehad van hoe ons die werk eerder moet doen en wanneer Dingo ('n voormalige taksidermis by Trophex) hom probeer help het, het Maxwell gereageer deur te sê dat hy dit weet, maar ook weet hoe om iets anders te doen wat eintlik beter is. Op die ou end het Maxwell se blesbok meer soos 'n blesvark met horings gelyk. Ek vra toe vir Dingo: "Do you think we will be able to teach Maxwell the right way?" "No, Sir, because it seems like the memory card of Maxwell is full," was Dingo se antwoord (Ek wil sommer die geleentheid gebruik om eer te betoon met Dingo se afsterwe in 2019.)

In David Allen se boek *Getting things done* noem hy dat ons brein nie gemaak is om goed te onthou nie en dat ons ons brein moet gebruik om idees en oplossings te kry. Maar in werklikheid is ons *memory card,* soos Dingo dit stel, vol goed wat ons moet onthou en selfs net allerhande idees wat ons nie wil vergeet nie. Die oomblik wanneer jy iets opmerk wat jy nie moet vergeet nie, dink jy jy kan dit onthou, maar in werklikheid is dit moontlik nie, veral as daar reeds ander inligting in jou brein se geheuekaart is.

Om 'n joernaal te hou is die perfekte manier om jou gedagtes vas te lê en op 'n georganiseerde manier te stoor sodat jy nie die heeltyd jou lysie in jou gedagtes rondrol nie, maar kan konsentreer op jou doelwit of die probleem vir die dag wat jy besig is om op te los.

BEHAAL JOU DOELWITTE

Ek dink hierdie is sekerlik die grootste voordeel van 'n joernaal. 'n Joernaal help jou om jou doelwitte te bereik. In die klasieke boek *Think and grow rich* deur Napoleon Hill skryf hy dat jy elke oggend wanneer jy opstaan en elke aand wanneer jy gaan slaap jou doelwitte moet neerskryf saam met 'n kort plan van hoe jy dit gaan regkry. Grant Gardone, 'n internasionaal bekende spreker oor leierskap, eiendomsbeleggings, entrepreneurskap, sosiale media en finansies, bevestig dit en moedig gereeld sy volgelinge aan om hul doelwitte elke oggend en elke aand neer te skryf. Dit het te doen met hoe ons brein werk. As jy goed neerskryf, aktiveer dit beide dele van jou brein – die verbeeldingryke regterhemisfeer en die logika-gebaseerde linkerhemisfeer.

Volgens 'n studie deur die 3M Company verwerk mense beeldmateriaal 60 000 keer vinniger as hulle dinge visueel voorstel. Om jou doelwitte neer te skryf, beteken dat jy dit visueel kan sien. Dit is 'n belangrike punt, want as ons iets sien, beïnvloed dit ons optrede. Jy sal waarskynlik meer produktief wees as jy kan sien wat jy moet doen, in plaas daarvan om net daaraan te dink.

VERMINDER SPANNING

Gewoonlik wanneer ek op my senuwees raak oor 'n finansiële besluit in een van my besighede, dan gaan kyk ek na die vorige jaar se boeke en werk dan aan 'n begroting. Die oefening help baie om spanning oor my besluit te verlig omdat ek sien dat dit wat ek wil doen, sin maak, dat dit die vorige jaar ook moontlik sou gewees het en dat die besigheid dalk reeds op 'n beter plek sou gewees het as ek dit lankal gedoen het. Die punt is dat om na 'n begroting te kyk of daaraan te werk, my gewoonlik baie met finansiële spanning help. Dit sal seker nie vir almal werk nie. Maar om 'n joernaal van jou frustrasie te hou, mag dalk.

As jy jou gevoelens neerskryf, help dit om jou angstighede, frustrasies en pyne in die dagboek te deponeer. Dit kan help om die spanning wat jy met verloop van tyd bymekaargemaak het, te verminder en vry te stel. Dit is eenvoudig so dat wanneer dit op papier voor jou lê, dit in die meeste gevalle nie so erg lyk as wat jou brein jou laat glo het dit is nie. Ek moet byvoeg, dit is wat ek gevind het vir mý werk en daarom doen ek dit. Dit mag dalk nie vir almal werk nie, maar ek sien dit as nog 'n voordeel daarvan om 'n joernaal te hou.

HOE OM TE BEGIN

KRY DIE GEREEDSKAP

Klim in jou bakkie, ry na 'n winkel soos CNA, PNA of Typo toe en koop vir jou 'n notaboek. As jy kan, koop sommer tien; dis nou as jy, soos ek, daarvan hou as goed dieselfde lyk. Ek hou van 'n notaboek met die naam *Donau – Feel the quality*. Die boek is A5-grootte met 'n lint om 'n plek in die boek te merk en 'n rek wat om die bladsy gespan kan word sodat jy weet waar jy laaste geskryf het of waar die volgende skoon bladsy is. Die notaboek het ook 'n rek-lussie waarin jy jou pen kan druk sodat jy altyd jou pen byderhand het. Daar is ook nie 'n datum op elke bladsy soos in 'n dagboek nie; so, jy kan elke bladsy gebruik en die datum inskryf. Soms vergeet jy om in jou joernaal te skryf en soms skryf jy meer as een bladsy; daarom werk 'n dagboek nie so goed vir 'n joernaal nie. Kry eerder 'n notaboek.

Oorweeg dit ook om 'n goeie pen te koop wat lekker skryf en wat gly soos jy dit wil hê en wat dalk 'n bietjie swaarder weeg as jy daarvan hou of baie lig is – wat ook al vir jou lekker voel. Die ding is, as die pen lekker voel en lekker skryf, wil 'n mens graag skryf. Dis soos wanneer jy 'n nuwe bakkie gekoop het en hy baie lekker ry; dan wil jy die heeltyd 'n verskoning kry om te ry. Wel, 'n goeie pen, of dalk eerder, 'n pen wat regtig baie lekker skryf, doen dieselfde. Ek het opgemerk dat as my pen baie lekker skryf, dan skryf ek al hoe leliker – weet nie hoekom nie; dalk voel ek soos 'n dokter of iets, maar dit is aansteeklik om dan groot sirkels te trek en lang lyne te trek. Dit alles dra by tot 'n aangename skryfervaring, as ek dit so kan stel.

Ek het een van my joernale verloor en glo my, dit is iets wat nogal 'n effek op 'n man het, want soms staan daar persoonlike goed in jou joernaal en soms is daar baie belangrike inligting in. Dit het daartoe gelei dat ek besluit het om 'n plan te maak dat dit nie weer gebeur nie.

Daar is 'n kans dat jy jou notaboek dalk ook gaan verloor of iewers gaan vergeet; daarom is dit belangrik dat jy voor en agter in die boek die volgende skryf:

Hierdie is die boek van (jou naam). Die boek beteken baie vir my. Sal jy asseblief so gaaf wees om my te kontak sodat ek kan reël om my boek by jou te kry?

Hier is my besonderhede

(Jou naam)

(Jou selfoonnommer)

(Jou e-posadres)

(Jou posadres)

DIE SKRYFFORMAAT

Jou grootste doel met jou joernaal is om die jaar op 'n manier op te som, om finansiële state van die jaar se gebeure op te trek. Daarom help dit om jou joernaal soos volg op te deel: daaglikse opsomming, weeklikse opsomming, maandelikse opsomming en jaarlikse opsomming. As dit jou pas, kan jy dalk 'n kwartaallikse opsomming ook inwerk, soos ons altyd op skool gehad het. Noudat ek dit noem, dit sal mooi inpas as jy kinders het – dan maak jy elke keer 'n opsomming na die skoolvakansie. Hoe dit ook al sy, kom ons gaan 'n bietjie in detail in presies hoe jy dit moet doen.

DAAGLIKS

Jou daaglikse joernaal is die belangrikste gedeelte van die hele proses, en die eerste gewoonte wat jy moet aanleer, is om elke dag daardie boek, sonder om daaroor te dink, nader te trek en te begin skryf. Elke dag begin, dan is daar die verloop van die dag en dan die einde. Net so moet jy nou jou joernaal gebruik: in die oggend skryf jy in die joernaal; daarna hou jy die notaboek by jou en skryf deur die loop van die dag daarin; en teen die einde van die dag, voor jy gaan slaap, skryf jy weer in jou joernaal.

Nou ja, ek weet, dis soos 'n goeie vriend van my altyd sê as hy graag iets op 'n sekere manier wil doen, dan begin hy met "It's not always true but on a perfect day ...". Dit is nie so maklik nie, glo my, maar met die tyd gaan jy 'n gewoonte ontwikkel. Gaan maar net deur die *motions*. Die volgende het ek by Tim Ferris geleer (tim.blog). Jy kan die oggendrituele op sy webblad kry.

IN DIE OGGEND

Dit is die begin van die dag, so die eerste ding is om die datum op 'n skoon bladsy neer te skryf. Dan begin jou oggendjoernaal en jy vra jouself die volgende drie vrae en skryf die antwoorde so kort as moontlik neer. As jou pen lekker skryf, kan jy seker maar langer ook skryf!

1. Waarvoor is ek dankbaar?

   a. Skryf drie goed neer waarvoor jy dankbaar is.

   b. Begin jou sin met *"Ek is dankbaar dat/ vir ..."*.

   c. Probeer om elke dag iets nuuts te kry om oor dankbaar te wees; dit help om jou brein 'n bietjie aan die gang te kry met die dinkproses, amper soos om 'n Lister-enjin te *start*.

   d. Bv. *"Ek is dankbaar dat ek 'n stoel het om op te sit terwyl ek op my rekenaar werk."*

5. Wat sal vandag 'n goeie dag maak?

   a. Skryf drie goed neer wat jy kan doen of wat kan gebeur wat die dag 'n goeie dag sal maak.

   b. Dit moet amper soos jou hoofdoelwitte vir die dag wees.

   c. Bv. *"... as ek vandag net 1 000 woorde kan skryf."*

4. Daaglikse bevestigings: "Ek is ..."

   a. Skryf drie positiewe goed oor jouself neer om vir jou brein te sê jy's 'n yster.

   b. Begin met die woorde *"Ek is ..."*.

c. Dit is belangrik om elke dag goeie dinge oor jouself te sê, want dan begin jy jou dag positief.

d. Gebruik *power words,* soos "uitstekende", "fantastiese", "great", "buitengewone", ensovoorts

e. Bv. *"Ek is 'n uitstekende entrepreneur"* of *"Ek is supergedissiplineerd".*

Om die oefening in die oggend te doen moet ongeveer vyf minute vat. In die begin gaan dit dalk moeilik wees, maar dit sal vinnig moontlik raak.

DEUR DIE LOOP VAN DIE DAG

Sir Richard Branson is die seker die grootste voorstaander van notas maak. Hy het 18 Januarie 2018 op sy eie blog geskryf dat notas maak een van sy gunstelingtydverdrywe is. Hy sou nie kon sê waar hy sou wees as hy nie 'n pen gehad het om sy idees (of nog belangriker, dié van ander mense) neer te skryf sodra dit by hom opgekom het nie. Van Virgin se suksesvolste ondernemings is uit ewekansige oomblikke gebore – as hy nie sy notaboek oopgemaak het nie, sou dit nooit gebeur het nie.

"Maak nie saak hoe groot, klein, eenvoudig of ingewikkeld 'n idee is nie, sit dit op skrif," sê Branson. "Maar moenie net notas neem om aantekeninge te maak nie; gaan deur jou idees en verander dit in uitvoerbare en meetbare doelwitte. As jy nie jou idees neerskryf nie, kan hulle jou kop verlaat voordat jy die kamer verlaat."

Volgens sy ervaring maak 99% van alle mense in leierskaprolle nie aantekeninge nie.

"As jy nie dinge neerskryf nie, is dit maklik om te vergeet wat gesê is – en in die sakewêreld is dit die klein dingetjies wat 'n groot verskil aan jou kliënt maak. Hou 'n notaboek in jou gatsak om gedagtes of terugvoering neer te skryf, en maak seker dat jy dit vroegtydig opvolg," sê Richard.

Dis nou 'n Engelsman van Brittanje, maar ek ken 'n baie suksesvolle oom in Lephalale, binne-in die hartjie van die Bosveld, wat 'n notaboekie by hom dra en alles daarin neerskryf. Oom Vonnie Maree het dit nie by Sir Richard Branson geleer nie. Hy het dit self oor die jare opgetel en die gewoonte het hom baie goed bevoordeel.

Dra jou joernaal saam met jou deur die loop van die dag en vat jou boek saam met jou in vergaderings in. As 'n idee in jou kop opduik, skryf dit neer en skryf jou gedagtes daaroor neer. Maak dit jou doel om alles wat deur die loop van die dag gebeur op 'n manier vas te vang op skrif met jou gawe pen wat lekker gly oor die papier.

Ek gebruik 'n metode wat ek uit Ryder Carroll se boek *The bullet journal method* geleer het. Basies moet jy net drie tekens leer en onthou wat jy voor elke nota sit sodat jy weet wat dit beteken. Die eerste een is 'n kolpunt of *bullet*-sirkeltjie wat ingekleur is. Dit is vir take wat jy nog moet uitvoer. Dan is daar 'n kolpunt wat net 'n sirkel is wat nie ingekleur is nie; dit is vir 'n gebeurtenis soos 'n vergadering. Laastens is daar 'n strepie of koppelteken (-) vir 'n nota.

- Gebeurtenis:
  Maak hierdie sirkeltjie voor jou sin om vir jouself te wys dat dit 'n vergadering of iets is wat jy bygewoon het. Daarna kan jy iets onder dit skryf om vir jou te wys wat daar gebeur het en watter take jy gekry het om te doen.

◦ Taak:
  Maak hierdie ingekleurde kol voor jou sin as dit iets is wat jy moet doen sodat jy maklik kan sien watter take jy moet verrig en watter gegewens nie take is nie.

- Nota:
  Sit hierdie strepie voor enige sinne wat maar net 'n nota is of iets wat jy graag wil onthou sodat jy maklik kan sien wat gewone notas is en wat nie.

Hier is 'n voorbeeld van hoe dit in jou joernaal sal lyk:
2020/1/12
◦ Vergadering met natuurbewaring.

- Hulle gaan teen 2020 kameelperde op *sites* sit.
- Luiperdgetalle is besig om op te tel.
- Ek dink dit sal 'n baie goeie idee wees om 'n toepassing te skryf wat jagondernemers kan help om akkurate statistieke van die wildgetalle te kry.
- Dalk moet ek die toepassing "Hunt Clicker" noem.
• Bel vir Johan oor daardie boerbokke.
• Maak die draad reg by die donkiekamp – 13:00.
- Dit is 14:00. Ek voel baie moeg; nie seker hoekom nie.
• Laai die kinders op by die skool.

EINDE VAN DIE DAG

Die einde van die dag is seker die moeilikste, want gewoonlik is jy moeg en wil jy net slaap. Begin met 'n klein stappie; skryf net een woord neer as dit al is waarvoor jy kans sien, maar moenie toelaat dat die kans by jou verbygaan nie.

In die aand kan jy vir jouself twee vrae vra wat ek ook by Tim Ferris geleer het. Dit is:

1. Wat het vandag gebeur wat goed was?
   a. Dink aan iets wat jou laat trots voel of wat jy geleer het.
   b. Skryf drie goed neer.

c. Bv. *"Ek het baie lekker saam met Vroulief ontbyt geëet"* of *"Ek het vandag uiteindelik daai probleem met Trophex se boeke opgelos".*

2. Wat kon ek beter gedoen het?

   a. Dink aan iets wat jy beter kon gedoen het.

   b. Sien dit soos die goed wat jy gaan doen om jouself beter te maak.

   c. Kyk of jy aan drie goed kan dink.

   d. Bv. *"Ek kon die dag beter beplan het"* of *"Ek kon eerder die nagereg gelos het toe ek ontbyt saam met Yolanda geëet het".*

Jy het 'n suksesvolle dag vasgelê in jou joernaal as jy die oggend, die verloop van die dag en die dag afsluit het met dié twee vrae.

Ek dink jy gaan verbaas wees met alles wat jy gedoen het en hoeveel jy gaan regkry.

WEEKLIKSE OPSOMMING

Om my week vooruit te beplan was nog altyd vir my moeilik as gevolg van 'n Sondag. Jy sal ook weet, 'n Sondag het 'n manier om so droewig te voel. Daar is iets wat 'n middagslapie en 'n Sondag met mekaar verbind. Na 'n middagslapie is dit gewoonlik nog meer mismoedig. Hoe is dit dan moontlik om op 'n Sondag met sy droewige aura jou hele week te beplan?

Ek het die oplossing gevind in Craig Ballantyne se kort boekie *The perfect day formula*. Hy sê die beste tyd om jou week te beplan, is op 'n Sondagoggend wanneer jou gesin nog slaap. Tot jou voordeel slaap die meeste mense lekker laat op 'n Sondag; dis nou as jy nie 'n babatjie in die huis het nie. Dis nie net die feit dat almal slaap wat hierdie tyd so 'n goeie tyd maak nie. Nee, dis omdat Sondag self dan ook nog 'n bietjie slaap en jou tyd gee voordat Sondag met sy droewige aura begin ontwaak. So, maak seker jy is lekker vroeg uit die vere. Maak vir jou 'n koffie as jy moet en trek jou joernaal nader.

Ek doen my weeklikse opsomming ook binne-in my notaboek. Hier is hoe ek dit doen: Ek skryf die dag se datum bo in die hoek neer op 'n skoon bladsy. Dan gaan kyk ek na al die goed waarvoor ek die week dankbaar was en ek kies drie waaroor ek die meeste dankbaar is. Volgende kyk ek na alles wat ek die week gedoen het en maak 'n opsomming van wat ek die week reggekry het.

Ek doen dan dieselfde met wat ek nie gedoen het nie en wat ek beter kon doen. Dan begin ek 'n dinkproses om te dink hoe ek die week beter kon maak. Ek probeer in werklikheid 'n tipe plan uitwerk vir die week wat voorlê en skryf puntsgewys die goed neer wat ek volgende week moet probeer en hoekom ek dit moet doen. Dit is belangrik om neer te skryf hoekom.

Bv. *"Ek moet probeer om minder tyd aan my e-posse te spandeer. Miskien moet ek dit beperk tot 30 minute 'n dag en dalk slegs aan die einde van die dag, want ek sien ek spandeer te veel tyd aan e-posse omdat die mense daarop reageer en ek dan weer antwoord en dit is nie produktief nie."*

As ek nou my week beplan, maak ek net 'n halfuur beskikbaar vir e-posse op 'n dag.

Werk deur jou joernaal en kyk deur al die dagnotas wat jy gemaak het. Dis nou die tyd om dit alles mooi uit te sorteer en onder mekaar te skryf sodat dit maklik verstaanbaar is. Jy sal ook vind dat soos jy begin, jy dalk op van die idees begin uitbrei. Dit is perfek, want so is jy besig om baie waardevolle inligting in jouself te ontgin. Soos jy daaroor dink, voel dit dalk nie so indrukwekkend nie, maar as jy dit begin uitskryf en daarop uitbrei, is die kanse groot dat jy op iets afkom wat jou lewe verbeter, soos om van 'n sprinkaanpomp te beweeg na 'n bakkiesakkie. Onthou, dit is hoe Sir Richard Branson dit ook verduidelik het: Van Virgin se suksesvolste ondernemings is uit ewekansige oomblikke gebore – as hy nie sy notaboek oopgemaak het nie, sou dit nooit gebeur het nie.

Hou ook altyd in gedagte dat jy later die inligting sal wil gebruik om jou maand op te som sodat jy in die toekoms jou jaar wat voorlê, kan beplan

As jy alles klaar uitgesorteer het en neergeskryf het, let op hoe jy voel. Jy kan nou ook jou week beplan, as jy wil, en dan weer terug in die bed klim as jy wil, want jy het jou Sondag goed benut en nou kan jy 'n bietjie ontspan met die mense vir wie jy lief is.

MAANDELIKSE OPSOMMING

FAMILIE

Wie sou kon raai dat 'n sonbril as 'n verjaarsdag-geskenk my in die moeilikheid sou bring?

Een jaar het ek gedink ek gaan vir my vrou se verjaarsdag 'n goeie sonbril koop, want die sonbril wat Yolanda op daardie stadium gedra het, was oor die muur. Die probleem was dat sy die verskillende sonbrille sou moes aanpas. Daarom het ek gedink ek is baie slim en ek gaan haar winkelsentrum toe vat sodat sy vir haarself 'n sonbril kan uitkies en dan is dit 'n suksesvolle verjaarsdag. Tot my spyt het dit nie so uit-gedraai nie. Die oggend toe ek en die kinders haar met koffie in die bed wakker maak, was dit baie vreemd om niks vir haar te kan gee vir haar verjaarsdag nie. My dogtertjies het dadelik begin om verskoning vra: "Jammer, Mamma, ons het nie nou 'n persent nie, maar ons gaan nou *mall* toe ry sodat Pappa vir Mamma 'n sonbril kan koop." En so sit ons almal op die bed en kyk vir mekaar terwyl Mamma haar koffie drink. Dit het gevoel asof ons vergeet het om die persent te koop en die kinders wou ook elkeen vir hulle mamma iets gekoop het, maar toe was dit te laat. Toe ons winkelsentrum toe ry, begin die kinders in die kar baklei en die res is geskiedenis. Yolanda se verjaarsdag was 'n mislukking.

Ek het 'n baie kort opsomming in Augustus gemaak met voorstelle wat ek die volgende jaar wanneer Yolanda verjaar, beter kon doen. Die voordeel is dat ek presies geweet het hoe dit gevoel het en presies geweet het wat verwag word. As ek dit nie vasgelê het op skrif nie en net aangeneem het ek sou dit die volgende jaar beter doen, het ek tien teen een die meeste van die detail vergeet en dalk vergeet hoe sleg ek en die kinders gevoel het. Maar nou, in my opsomming, skryf ek duidelik neer dat dit volgende jaar ernstig moet aandag kry en dit is hoe ek dit moet doen. Die ander voordeel is dat ek my nie verder daaroor hoef te bekommer en myself die heeltyd daaraan moet herinner nie, en so spaar ek energie en spanning.

Toe haar volgende verjaarsdag aanbreek, het ek presies geweet wat om te doen en wat om nie te doen nie. Daardie jaar koop ek vir haar 'n Fossil-beursie en draai dit toe en steek die geskenk in die huis weg. My jongste dogtertjie koop vir haar ma 'n geskenkpak by The body shop en die oudste dogtertjie 'n botteltjie Hugo-parfuum. Die oggend maak ons koffie in die bed met 'n klein sjokoladekoek en kersies, en elkeen het sy of haar eie geskenk om vir Mamma te gee. Sukses! Ek het ook die moeite gedoen om vooraf met die dogtertjies te praat en vir hulle gesê dat ons die aand gaan uiteet en dat hulle onder geen omstandighede in die kar mag baklei nie; dit is belangrik, want dit gaan Mamma se verjaarsdag bederf. Hulle moes ook vir my sê watter plan hulle kon maak om nie in die kar te baklei nie. Jy weet wat hulle sê: "Happy wife, happy life."

BESIGHEID

Omdat my taksidermie seisoenverbonde is, is daar tye wanneer jou spaargeld jou deur die af seisoen moet dra. In my geval het ek altyd gedink ek moet net tot en met April kan vasbyt, want die jagseisoen begin gewoonlik met die Paasnaweek, maar om die een of ander rede het ek altyd in April gesukkel om finansieel kop bo water te hou.

Ek het elke jaar gedink dat dit maar net nie 'n goeie Aprilmaand was nie en so het ek maar net weer die nuwe April met dieselfde probleem gesit. Die besigheid se boeke het net vir my gewys dat ek baie min inkomste verdien in April, maar dit het nie uitgewys waarom nie en my enigste verklaring was dat dit 'n swak maand was. Toe ek begin om 'n joernaal te hou met 'n maandelikse opsomming van al die maande, het ek meer inligting oor April begin kry.

My joernaal het my geleer dat ek eintlik tot Julie moet vasbyt, want ek kry wel werk in April, maar die nuwe bestellings se betalings kom in werklikheid eers in Julie in. Ek maak toe 'n vinnige som en sien dat as ek vanaf Julie tot en met November elke maand net 10% van die besigheid se omset na 'n spaarrekening toe skuif, ek dit maklik tot en met die volgende jaar Julie sou kon maak. Vandat ek dit begin doen het, het ek nooit weer in so 'n situasie met 'n kontantvloeiprobleem beland nie. Dit het weer verseker dat ons meer produktief was en meer vertroue by ons kliënte gewerf het, en dit alles het bygedra tot die groei van die besigheid.

Jy kan dieselfde doen deur net aan die einde van 'n maand na al jou weeklikse opsommings te kyk, en soms selfs die daaglikse joernale en notas, en 'n maandelikse opsomming te maak. Jou doel hier moet wees om die opsomming te gebruik om die volgende jaar te beplan en in die toekoms te weet wat om te verwag en wat om te doen om jouself beter te maak.

Maak tyd om jou maand op te som. Dit is belangrik; jy gaan groot dividende daaruit trek. Dis nie maklik nie; dit verg dissipline.

Ek het nie regtig 'n resep van hoe jy dit moet doen nie. Al wat ek sou sê, is: praat met jouself en sê wat dit is wat jy volgende jaar in daardie maand moet doen en wat jy nie moet doen nie. Dit alles terwyl jy na jou weeklikse opsommings en notas kyk.

In jou notaboek gaan jy deur al die bladsye moet blaai en soek vir elke maand se opsomming, wat moeilik is. Ek hou daarvan om die maandelikse opsommings nie in my notaboekie te doen nie, maar eerder op my rekenaar, want dan lê elke maand mooi netjies onder mekaar. Ek stoor die maandelikse opsomming in Evernote, maar ek dink 'n gewone Word-dokument sal ook goed werk. Maak net *backups* van alles.

Ongelukkig gaan jy die vrugte daarvan eers volgende jaar pluk, maar jy gaan baie dankbaar wees.

JAARLIKSE OPSOMMING

Die meeste mense is mal oor die einde van die jaar; ek ook. As die jaar klaar maak en 'n nuwe jaar begin, is daar altyd 'n gevoel van 'n nuwe begin.

Dit is seker maar die rede waarom dit so genotvol is om die jaarlikse opsomming te doen, want nou kan jy al jou maandelikse opsommings bymekaarsit en die jaar opsom en kyk wat jy alles deur die loop van die jaar reggekry het. Meeste van die tyd is dit verbasend hoe baie 'n mens gedoen het, deur hoe baie probleme jy is en watter suksesse jy behaal het.

Met jou jaarlikse opsomming trek jy al die maande bymekaar en maak 'n kort lysie van alles wat jy reggekry het en ook wat jy beter kan doen. Basies sal jou jaarlikse opsomming maar net uit die twee lysies bestaan. Terwyl jy die lys maak, dink hoe jy dit gaan geniet om die lys te vergelyk met volgende jaar s'n, en met dit in gedagte, gaan jy die lys baie akkuraat optrek. As jy klaar die jaarlikse opsomming gedoen het, is dit ook nie 'n slegte idee om sommer gou na die jaar wat voorlê se beplanning te kyk nie.

Om 'n joernaal te hou is nie so maklik nie. Jy gaan aan die begin baie dissipline nodig hê en jy gaan vind dat dit nie altyd moontlik is nie. Soos enigiets wat goed is vir jou, is dit baie moeilik aan die begin, maar as jy dit genoeg oefen, word dit later 'n gewoonte, soos om tande te borsel. Byt net vas en begin met baie klein stappies.

KRY JOU "DOELWATTE" IN PLEK

DIE GROOT ETE

"Bederf jouself, jou rowwe bliksem!" (Meyer le Roux van Buffelsfontein Baardolie)

Kyk, ek weet dit is belangrik om gesond te eet en ek glo ek bring my kant, MAAR daar kom 'n tyd wanneer dit belangrik is dat jy jouself MOET bederf. So het ek my mond laat water vir 'n heerlik uiteet saam met my gesin. Ek is nie seker wat ek wil eet nie, maar my begeerte is baie groot. Ek sien dit ook as 'n tyd om weer 'n bietjie met my gesin op te vang en 'n aangename tydjie saam met hulle te spandeer. Vandag is die dag en ek sit die bal aan die rol.

Maar ek het vergeet, om te gaan uiteet het ook maar sy nadele en so gebeur dit dat die geleentheid toe ook in my joernaal opeindig onder "Wat kon ek beter gedoen het?" Die intensie is daar en die motivering ook, maar hoe is dit dan moontlik dat die aand flop! Ek sal die storie vertel en jy mag nie oordeel nie.

Dis nou al 'n geruime tyd wat ek 'n gesonde dieet volg. In die begin het ek gedink jy mag jouself so nou en dan bederf met een hele dag se ongesonde eet, tot ek later by 'n vriend, Francois Chapman, geleer het dat dit eintlik net een ete moet wees en nie 'n dag nie. Die nuus sit baie druk op daardie bederfete en ek moet mooi dink. Daarom soek ek die ongesondste, lekkerste en vullendste gereg ooit. Die vet moet my lippe laat blink en daar moet 'n lappie langs my bord lê om my

hande af te vee. Jy moet verstaan, ek was 'n koshuis-
kind – ek weet hoe om uit te sien na 'n lekker ete en ek
weet ook hoe om so 'n ete te verslind.

Soos ek huis toe ry, hardloop die prentjies van
pizzas, *steaks* en *spareribs* deur my gedagtes. Ek is nie
seker wat ek gaan eet nie, maar ek weet dit gaan lekker
wees, en my pens gee so nou en dan 'n rukbeweging
om my te laat verstaan dat hy baie hou van die manier
waarop ek nou dink ... of miskien was hy bang...

So storm ek die huis in en deel die nuus mee: "Kom,
kom! Maak reg! Ek stick julle vir 'n ete vanaand!"
Binne enkele sekondes hoor jy die huis van die Steen-
kamps gons met haardroërs en 'n geskarrel op soek
na klere, deodorant en *makeup*. Ek moet vrae beant-
woord soos: "Lyk die toppie reg of moet ek eerder die
een aantrek?" Ek begin my hande teen mekaar vryf en
dink: "Dis nou net 'n kwessie van tyd, my maat, net 'n
kwessie van tyd."

Vinnig-vinnig sit ons almal in die kar. Ek trap die
koppelaar vas, sit die kar in rat en moet mooi konsen-
treer om nie die koppelaar te vinnig te los nie, want
die vet weet, as ek nou per ongeluk spin, sal dit darem
baie sleg lyk.

Soos ek in Yorkstraat afdraai, vra ek die belan-
grikste vraag van die aand. Dit is die vraag wat ek later
geleer het grotendeels die sukses van die aand bepaal
en wat ek glo die kern van hierdie hoofstuk is. "Waar
gaan ons eet, julle?" En so slaan die *paw paw* die *fan*.

"Ek wil sushi eet by John Dory's!" skree Mandie. "Neeeeeeee, Pappa, ek eet nie vis nie! Kan ons nie Rocomamas toe gaan nie?" skree Veneske. "Ag nee, ons gaan altyd Rocomamas toe," antwoord Mandie. "Mamma en Pappa sal besluit," reageer Yolanda. "Waar wil jy gaan eet, Lief?" vra ek. Ek wil net so bietjie konteks gee: teen dié tyd het ek al om die sirkel op die punt van Yorkstraat gery en nou ry ons maar weer terug af in Yorkstraat. "Ek weet nie; enigiets," sê Yolanda, "kies jy maar." "*Okay*, ek dink dalk moet ons Hussar Grill toe gaan. Ek is lus vir die ribs daar." "Ag, nee, dis te fancy daar en daar is nie iets lekkers daar om te eet vir kinders nie, Pappa," sê Veneske en begin sommer huil. "Dalk moet ons gaan oesters eet by Oysters R Us," sê Yolanda. "Regtig! Oesters! Ek wil iets eet wat my gaan vol maak en nie iets wat net 'n fortuin kos nie," reageer ek en dis toe die spyker in die doodskis.

So vind ons onsself terug by die huis. Almal is dikbek. Ek sit alleen in die eetkamer met 'n McDonalds-hamburger wat vir seker nie my lippe laat blink nie en 'n vrou wat kwaad sit en wag dat ek om verskoning kom vra. Hoe in die wêreld het dit gebeur? My bedoeling was dan so goed!

Dit bring my by die onderwerp "jy moet weet waarnatoe jy wil gaan", en dit geld vir alles. Dink so daaraan: jy kan nie net in jou kar spring en begin ry nie. Jy moet eers weet waarnatoe jy wil ry en dan eers klim jy in jou kar en begin ry. So ook vir jou lewe – jy

moet eers weet waarnatoe jy lewe voordat jy in werk-
likheid begin met jou lewe.

In die meeste gevalle weet ons dalk hoekom ons
iewers heen wil ry. Dalk voel jy jy wil op vakansie gaan
en klim jy in jou kar en begin ry, maar die punt bly:
WAAR wil jy vakansie gaan hou? Die meeste mense
weet nie waarnatoe hulle gaan met hul lewe nie of dalk
weet hulle wat hulle wil hê, soos "ek wil genoeg geld
hê", en dan eindig hulle op waar hulle was met iets
wat hulle nooit wou gehad het nie, soos 'n McDon-
alds-hamburger en 'n vrou wat kwaad is.

Dis baie snaaks hoe 'n mens graag iets wil hê, maar
as jy mooi gaan sit en dink, weet jy nie wat dit is nie.
Byvoorbeeld, gestel jy sê vir jou vriend: "Al wat ek wil
hê, is om gelukkig en tevrede te wees." Dit klink soos
ek wat graag iets baie lekkers wil eet wat my lippe sal
laat blink van die vet en dan spring ek sommer in my
kar om dit te gaan doen. Ons weet nou wat die gevolge
daarvan is. Dit is nie WAT jy wil bereik nie; dit is
HOEKOM jy dit wil bereik. So, vra eerder hierdie vrae:
Wat gaan met my gebeur as ek begin lewe, want ek wil
gelukkig en tevrede wees? Waar in die lewe gaan ek dit
kry? Wat moet ek doen om dit te ervaar?

Maak dit vir jou sin?

Om te weet hoekom jy iets doen, is ook baie belan-
grik, maar vir nou is dit belangrik om te verstaan dat
jou "hoekom" 'n "wat" moet hê en dan gaan jou sin

begin met "wat": Wat gaan ek doen? En eers daarna kom die "hoekom".

Byvoorbeeld, ek gaan by Hussar Grill *spareribs* eet vanaand, want dis my kroek-ete vanaand en ek wil graag iets saam met my gesin gaan doen.

Hier is hoe dit dan sou klink in my geval: "Kom, kom! Maak reg. Ek stick julle vir spareribs vanaand by Hussar Grill, want dit is Pappa se kroekaand en ek wil bietjie tyd saam met julle spandeer." Nou is daar beheer. So kan jy ook beheer oor jou lewe kry met 'n doelwit.

DOELWAT

Nou gaan ek my Afrikaanse juffrou se hare laat rys. Ek glo ons spel "doelwit" nog al die jare verkeerd; dit moet "*doelwat*" wees. Dit maak vir my net meer sin! Wys jou net hoe die skool ons koppe deurmekaar maak (net 'n grappie). Daar is seker 'n goeie rede waarom dit 'n doelwit is en nie *doelwat* genoem word nie, maar soos ek vroeër genoem het, hierdie is my handboek, my reëls en ek is in beheer. Daarom is dit my doel om 'n boek te skryf wat my beheer gee. Het jy gesien wat ek daar gedoen het? Die boek wat ek skryf, is my DOEL WAT my beheer gee.

'n *Doelwat* is 'n DOEL WAT iets vir jou doen. WIT is 'n kleur wat niks beskryf nie. "Doelwit" is soos "Ek het 'n doel vir niks". Nee, jy moet 'n doel hê WAT jou lewe gaan verander. Die wêreld gaan nie vir jou verander nie. Jý moet, en jou doel moet dit doen. Die regering gaan nie eendag 'n wet, soos BEE, inbring wat sê "Ons verplig al die restaurante behalwe Hussar Grills om toe te maak" sodat ek nie met my probleem sit nie. NEE! Jou *doelwat* moet die probleem oplos. Kom, my ou maat, kry jou *doelwatte* in plek. Ek sal jou wys hoe.

HOE OM DOELWATTE TE STEL

Ek dink die belangrikste ding om in ag te neem is dat jy altyd buigbaar moet wees in jou *doelwatte*. Soos jy oor die tyd in jouself gaan belê, gaan jou perspektief en filosofie verander en dan is daar 'n kans dat jou *doelwatte* ook gaan verander. Dit help baie met die proses om 'n persoonlike *doelwat* te stel, want dit voel baie keer of jy nou besig is om jou *doelwat* in klip vas te messel en dan gebeur dit dat 'n mens soms onseker raak en die besluit van wat jy met jou lewe wil maak, raak net te groot. Dis asof daar te veel druk op jou skouers is, want jy kan dit nie weer verander nie. Met die tyd gaan jy jou *doelwatte* verander as dit nodig is. So, moet asseblief nie voel asof dit wat jy nou besluit, is hoe dit is en hoe dit altyd gaan wees nie.

Baie mense sê jy moet jouself voorstel dat geld nie 'n probleem is nie en dat jy jouself moet sien op 'n plek waar jy enigiets kan kry en waar enigiets moontlik is.

Dan moet jy begin dink hoe jou lewe gaan lyk. As dit vir jou werk, kan jy dit gebruik.

Ek het baie daarmee gesukkel. Miskien is ek 'n snip, maar ek kan nie 'n wêreld sien waar alles moontlik is nie. My kop is net nie reg daarvoor nie. Ek kan dit nie insien nie en dit maak die proses vir my moeilik. In my geval moet daar 'n riglyn wees, of 'n maatstaf, soos in Randall se liedjie "Ek sou kon doen met 'n miljoen". Nou dít is 'n riglyn!

My *doelwatte* het in plek begin val die dag toe ek myself voorgestel het ek het R100 miljoen in my rekening, ek is vyftig jaar oud en ek besit niks. Nou moet ek begin koop, maar ek moet onthou ek kan nie sommer net al die geld spandeer nie. Dit moet my aan die lewe hou – ek is vyftig jaar oud en ek gaan nog vyftig jaar moet lewe (dit was nou in my geval; jy is dalk ouer as ek of dalk baie jonger, so pas jou gedagtes aan soos dit jou pas).

Dit het my dinkproses aangeskakel. Ek het byvoorbeeld gedink ek sal seker R50 miljoen moet belê in bates wat vir my 'n maandelikse inkomste sal genereer sodat ek my nie oor my toekomstige inkomste moet bekommer nie. Dit het my laat begin dink waarin ek dan R50 miljoen gaan belê. Ek het besef ek sal moet diversifiseer om my risiko te verminder. Hoe gaan ek dit doen? Wat is goeie bates om in te belê? En so meer. So ontwikkel ek toe 'n lys van goed wat ek sal moet besit as ek vyftig jaar oud is om seker te maak ek sal 'n passiewe inkomste hê vir my oudag. Daardie lysie van goed sien ek toe as my *doelwatte.*

Nou is daar R50 miljoen rand oor en wat gaan ek daarmee doen? Jy sal gou ervaar dat die oefening jou lekker in droomland laat rondhardloop en die geroeste ratte in jou brein laat draai om te help om ondersoek in te stel na wat dit nou eintlik is wat jy in die lewe wil bereik. As jy dink aan al die miljoene wat jy nou het om te spandeer, is dit belangrik wat jy daarmee gaan doen in die volgende areas in jou lewe:

- Finansieel
- Gesondheid
- Familie
- Sosiale lewe (vriende)
- Geestelik

Kleur die prentjie in sodat jy jouself in die oomblik daar sien. Gestel jy dink byvoorbeeld jy gaan R6 miljoen van die R50 miljoen wat oorbly, gebruik om 'n huis te koop. Vra jouself af:

- Hoe gaan daardie huis lyk?
- Waar gaan die huis wees?
- Hoeveel kamers moet die huis hê?
- Wat moet die huis hê sodat my kinders graag sal wil kom kuier?
- HOEKOM wil ek so 'n huis hê?
- Hoe gaan ek voel as ek in die huis bly?

Dalk wil jy jaarliks 'n groot verjaarsdagpartytjie hou en jou vriende nooi, want dit is vir jou belangrik. Dan kan jy jouself afvra:

- Hoe gaan die partytjie lyk?
- Waar gaan ek dit elke keer hou?
- Waarvan gaan my vriende hou?
- HOEKOM wil ek dit doen?

Daar is geen grense nie. Ek het met die tyd geleer dat mense baie, en ek bedoel BAIE, verskil.

Een aand kuier ek en een van my goeie vriende op 'n plaas en ons praat om die vuur oor ons doelwitte. Ek vertel hoe ek in bates wil belê en besighede wil besit, ensovoorts. En my vriend betrap my onkant met sy grootste doelwit (mens kan seker maar sê sy grootste begeerte). Hy wil met 'n seilboot om die wêreld seil. Ek het regtig gesukkel om dit te verstaan, maar hy is so seker van homself, sy doel is so duidelik, 'n mens kan dit amper sien soos hy vertel hoe hy dit gaan doen. Die manier waarop sy gesig ophelder, is fantasties en sy opgewondenheid aansteeklik. Die punt is: vir my vriend is dit baie belangrik om met 'n seilboot om die wêreld te seil, en ek het geen maar géén begeerte om dit te doen nie.

Daarom dink ek dit is belangrik dat ek nie te veel voorbeelde gee nie. Jy moet self in jou kop rondkrap vir wat dit is wat jý wil doen. Dalk is dit iets soos om 'n volledige studie oor die kommandomier in die Limpopoprovinsie te doen en 'n dokumentêr daaroor te skiet ... mens sal nooit weet nie.

Skryf die goed waaroor jy dink in jou joernaal neer sodat jy dit voor jou kan sien.

Ek gaan jou later 'n bietjie oor SMART *doelwatte* vertel, maar vir nou wil ek net noem dat soos jy jou *doelwatte* neerskryf, jy vir elke *doelwat* 'n sperdatum moet gee. Dit is sodat jy kan begin om te beplan. Jou onderbewussyn gebruik sperdatums as 'n dryfveer om jou te motiveer. As jou *doelwat* te groot is vir nou, kan jy die doel opbreek in segmente wat jy moet bereik en dan kan jy vir elke segment 'n sperdatum gee. As jy nie daarin slaag om jou *doelwat* te bereik teen die sperdatum wat jy gestel het nie, maak maar net weer 'n nuwe sperdatum. Onthou, die goed moet buigbaar wees, anders gaan jy dit oorweldigend vind en dit kan maklik daartoe lei dat jy dit uitstel of afstel.

Kyk na jou lysie en identifiseer wat die hindernisse is. Wat is die struikelblokke wat jou keer? Wat veroorsaak dat dit nie moontlik is om jou *doelwatte* te bereik nie? In Ryan Holiday se boek *The obstacle is the way* sal jy leer dat dit juis die struikelblokke in ons pad is wat ons weerhou van sukses. Ons het 'n gewoonte om die oomblik wanneer ons voor 'n struikelblok te staan kom, te begin moed opgee en dit is dalk die rede waarom ons nie eers so vêr gaan om te uit te vind watter moontlike struikelblokke gaan opduik nie omdat dit ons dalk net mag demotiveer. Maar eintlik is dit juis die identifisering van struikelblokke wat jou gaan help om 'n plan te maak. Daarom sal dit help om dit te identifiseer en 'n lysie daarvan te maak. Ek weet vir 'n feit dat my vriend nie weet hoe om met 'n seilboot te seil nie; so, dit is vir seker een van sy struikelblokke. So gaan jy die goed identifiseer waarin jy moet belê om jouself te verbeter sodat jy jou *doelwatte* kan bereik. In my vriend se geval gaan hy 'n seilbootkursus moet doen.

Wanneer jy 'n lysie van al die hindernisse het, kan jy begin *brainstorm* vir oplossings, soos waar jy inligting kan bekom om jou te help – dalk klasse of kursusse wat jou kan help. Watter vaardighede moet jy aan-leer en hoe of waar kan jy dit doen? Soms is dit nodig om te kyk wie jou daarmee kan help, want dit is nie altyd nodig om 'n vaardigheid aan te leer nie. Toe ek die dag besluit ek wil 'n toepassing vir jagondernemers skryf, het ek met die skryf van kode as 'n struikelblok gespook. Ek het my doodgestaar teen die komplekse kode en rekenaartaal wat 'n mens moet leer om 'n toe-passing te ontwerp. Ek het selfs 'n kursus gekoop, maar het vinnig moed opgegee. My volgende opsie was om iemand te kry wat dit kon doen en so het Louwrens my vennoot geraak en het ek die struikelblok oorkom.

Jy behoort nou 'n gawe lys van goed bymekaar te kan trek van wat jy moet doen, wanneer jy dit moet doen en hoe jy dit moet doen. Jy moet dit nou omskakel in 'n plan sodat jy kan weet wat jy vandag moet doen en wat jy teen volgende week moet doen. Om die beplanning te doen is 'n onderwerp op sy eie. Die oorhoofse doel is dat jy nou weet waarnatoe jy beweeg en dat jy oopkop daaroor is dat jou *doelwatte* buigbaar is en dalk vorentoe mag verander soos jy ontwikkel.

Nou kan jy jou *doelwatte* mooi uiteensit op papier. Plak dit agter teen jou toiletdeur of iewers waar jy dit altyd kan sien om jou onderbewussyn deurentyd te herinner wat dit is wat jy wil bereik.

Om jou doelwitte mooi op papier uiteen te sit, kan jy die SMART-formule van *doelwat*stellings gebruik om dit effektief te doen.

SMART DOELWATSTELLINGS

Dis altyd goed om 'n riglyn te gebruik as jy iets opstel en in die geval van *doelwatte* kan jy die SMART-konsep gebruik. Dit is:

S – spesifieke

M – meetbare

A – bereikbare (*achievable*)

R – relevante

T – tydbegrensde oogmerk

SPESIFIEKE

Spesifieke *doelwatte* het 'n aansienlik groter kans om behaal te word. Om 'n *doelwat* spesifiek te maak, kan jy die vyf W-vrae oorweeg:

Wie: Wie is by hierdie doelwit betrokke? "Die Steenkampgesin."

Wat: Wat wil ek bereik? "Ek wil my kroekdag ten volle benut en tyd saam met my gesin spandeer."

Waar: Waar moet hierdie doel bereik word? "Hussar Grill."

Wanneer: Wanneer wil ek hierdie doel bereik? "Sesuur vanaand."

Waarom: Waarom wil ek hierdie doel bereik? "Want ek is lus vir *spareribs*."

'n Algemene doel is byvoorbeeld: "Ek wil fiks word." 'n Meer spesifieke doel sou wees: "Ek wil aansluit by die gimnasium in my plaaslike gemeenskapsentrum en vier dae per week oefen om fiks te word."

MEETBAAR

'n *Doelwat* moet op 'n manier gemeet word. As daar geen kriteria is nie, gaan jy nie jou vordering kan bepaal en weet of jy nog op pad is om jou doel te bereik nie. Vra jouself die volgende vrae af om jou doel meetbaar te maak:

Hoeveel? "Twee *ribs*."

Hoe weet ek of ek my doel bereik het? "My lippe gaan blink van al die vet en my bord sal leeg geëet wees."

Kom ons gebruik weer die voorbeeld dat ek fiks wil word: "Ek wil aansluit by die gimnasium in my plaaslike gemeenskapsentrum en vier dae per week oefen om fiks te word. Ek wil elke week een kilogram liggaamsvet verloor."

BEREIKBAAR (ACHIEVABLE)

'n *Doelwat* moet haalbaar wees. Dit sal jou help om uit te vind hoe jy jou *doelwat* kan moontlik maak en daarheen kan werk. Die bereikbaarheid van jou *doelwat* moet gerek word om jou uit te daag. Jy moet effens skrikkerig voel, maar dit moet darem moontlik wees sodat jy dit werklik kan bereik. Vra jouself die volgende af:

Het ek die hulpbronne en vermoëns om die doel te bereik? Indien nie, wat mis ek dan? "Vir seker! Hussar Grill is net af in Yorkstraat en ek was 'n koshuiskind – ek weet hoe om uit te sien na 'n lekker ete en hoe om dit te verslind."

Het ander dit vantevore al suksesvol gedoen? "Ja, ek sien gereeld hoe hulle dit doen terwyl ek sit en blaarslaai eet."

Kom ons gebruik weer die voorbeeld van ek wat wil fiks word: "Ja, daar is 'n gimnasium en ek het nog al my arms en bene. Baie mense het al fiks geword, so ek kan ook. Ek kan nie sien hoekom nie. Die oefening maak my net so 'n bietjie bang."

RELEVANT

'n *Doelwat* moet realisties wees. 'n *Doelwat* is waarskynlik realisties wanneer jy glo dat dit bereik kan word. Vra jouself af:

Is die doel realisties en binne bereik? "Definitief."

Is die doel bereikbaar gegewe die tyd en hulpbronne? "Kan nie sien hoe ek nie betyds by Hussar Grill kan uitkom nie, so, ja, dit is."

Kan jy jou daartoe verbind om die doel te bereik? "Vir seker! Wie gaan my keer!"

TYDBEGRENSDE OOGMERK

'n *Doelwat* moet tydbegrens wees met 'n begin- en 'n einddatum. As die tyd nie beperk word nie, is daar geen dringendheid en motivering om die doel te bereik nie. Vra jouself af:

Het my *doelwat* 'n sperdatum? "Ja. Seweuur vanaand."

Wanneer wil jy jou doel bereik? "Vanaand, pappa, vanaand!"

Ons gebruik weer die voorbeeld van ek wat wil fiks word: Op 1 Augustus gaan ek aansluit by die gimnasium in my plaaslike gemeenskapsentrum. Om fiks te word, gaan ek vier dae per week oefen. Ek wil elke week een kilogram liggaamsvet verloor. Aan die einde van Augustus sal ek my doel bereik as ek deur die loop van die maand vier kilogram vet verloor het.

Nou toe! Wat wil jy met jou lewe maak? Haal jou oogklappe af! Jy is hier op die aarde vir 'n **doel wat** iets moet verrig. Net jy sal weet wat dit is en net jy kan uitvind wat dit is, want daar is niemand anders wat dit vir jou kan doen nie. Dis soos my ma altyd vir my gesê het: "Kry rigting, Bertus!" Ek verstaan dit nou en ek glo jy ook, so waarvoor wag jy!

GAAN TERUG SKOOL TOE

"BUSINESS IS BOOMING"

Teen dié tyd ken jy my goed genoeg om te dink daar is groot fout as ek aanbeveel dat jy terug skool toe gaan. Kom ek stel dit eerder so: Gaan leer iets van waarde. Maak nie saak waar of wat nie.

Man, dit het begin vlamvat met ons besigheid, Doornlaagte Dip and Ship. Ek en my pa het die besigheid in 2005 begin met net 31 kliënte. In 2007 spring ons van 31 kliënte na 'n asemrowende 286 kliënte – tien keer meer ! Soos my jongste dogtertjie altyd sê: "*Business is booming!*" en dit was presies so! Doornlaagte Dip and Ship was witwarm.

"What goes up must come down," sê die Engelsman.

Daardie jaar kry ek die nuus dat Natuurbewaring en die Departement van Veeartseny die reëls van wat ons noem "*dip and ship*" wou verander. Hulle wou die wet so verander dat 'n dip and ship-fasiliteit 'n volledige taksidermiefasiliteit moes wees om te kwalifiseer vir 'n uitvoerpermit. Wat kortliks beteken ons sou nie meer rou jagtrofees kon uitvoer nie, wat presies was wat ons *booming* besigheid gedoen het.

Kom ek verduidelik. Wanneer buitelandse jagters in Suid-Afrika kom jag, is hulle nie agter die wildsvleis aan soos ons Suid-Afrikaanse jagters nie. Nee, hulle soek net die trofee of net die horings van die bok en soms net die vel. In die jagbedryf praat ons van "biltongjagters" – dit is Suid-Afrikaners wat jag vir wildsvleis. En dan praat ons van "trofeejagters" – dit is gewoonlik internasionale jagters. Nou, as internasionale jagters in Suid-Afrika jag, is die uitvoer van hul trofees een van hul grootste kopsere en so is daar vir ons 'n besigheidsgeleentheid. Basies het internasionale jagters dan twee opsies om die kopseer op te los en hul behoefte te bevredig.

OPSIE 1

Die trofee word verwerk en gemonteer by 'n taksidermie in Suid-Afrika tot 'n finale produk wat teen die muur gehang kan word of 'n gelooide vel wat die jagter op die vloer kan gooi. So word die trofee as 'n geprosesseerde produk uitgevoer wat minder *red tape* het.

OPSIE 2

Die trofee kan in sy rou vorm uitgevoer word. Om dit te kan doen, moet die skedels en velle behandel word om die verspreiding van siektes te voorkom en die velle word gedroog, baie soos biltong. Dit beteken die trofee moet nog gemonteer word of die vel moet nog gelooi word. Dit gee die internasionale jagter die geleentheid om dit in sy eie land te doen by sy lojale taksidermie van keuse. Ons noem dit "dip and ship" of "dip to ship". Party noem dit ook "dip and pack".

Altwee opsies het hul eie voordele en nadele. Doornlaagte Dip and Ship kon net opsie 2 vir die jagters bied en ons was baie goed daarmee! Aan die ander kant het nie ek of my pa enige kennis van taksidermie gehad nie, maar ek was baie geïnteresseerd in hoe 'n mens dit doen. Ek kon vir ure in 'n taksidermie rondloop en kyk om te probeer uitfigure wat die werkers doen, tot die eienaar my uitskop. Taksidermie het gevoel soos een van daardie spesiale kunstige vaardighede wat jare vat om te bemeester, onmoontlik vir ons. Jy moet dat ek vir jou 'n prentjie op 'n papier teken en jy sal verstaan en saamstem dat ek agter in die ry gestaan het toe hulle kunssinnigheid uitgedeel het.

En so wil Natuurbewaring en die Departement van Veeartseny dit toe verpligtend maak dat jy beide opsies vir die jagter moet bied om jou sodoende bevoeg te verklaar om trofees vanuit Suid-Afrika te verskeep na die res van die wêreld en 'n uitvoerpermit te kry. Ek kan onthou hoe ons die storie wou beveg in die hoogste hof en wou saamstaan, want dit is teen ons menseregte en, en, en ... Die punt is, die wêreld gaan nie vir my en jou verander nie. Ons is maar net 'n druppel in die emmer. Dis hier waar ek en jy moet verander, wat beteken ek moes terug skool toe en gaan leer hoe om taksidermiewerk te doen.

Ek klim toe op Google en soek "taxidermy school in South Africa". Tot my verbasing was daar 'n een-week-taksidermiekursus in Pretoria. Die oom se naam is George Nel en hy het Suid-Afrika se legendariese taksidermis Nico van Rooyen geleer om taksider-miewerk te doen. Ek bespreek toe my plek en betaal.

Ek wens ek kon sê ek is vandag 'n fenomenale tak-sidermis soos Nico van Rooyen, maar ek is nie. My kunssinnige struikelblok is 'n realiteit. Maar ek weet presies hoe om taksidermiewerk te doen en hoe om 'n taksidermiebesigheid te bestuur; ek is ook baie kreatief en kan goeie taksidermiste aanstel en, danksy my kennis, moet hulle nie dink hulle kan my om die bos lei nie. Ek ken die kortpaaie. Ek weet ook wan-neer 'n finale produk kwaliteit is en wanneer nie. Plus ek kan nou beide opsies vir die internasionale jagter bied en die biltongjagters kan ook ons dienste gebruik as hulle 'n trofee wat vir wildvleis gejag is, graag wil monteer. Die storie is baie soos die verkiesing in 1994, toe honderde mense blikkieskos gekoop het en bom-skuilings gebou het vir die ergste wat gaan gebeur as die ANC oorvat, wat toe nooit gebeur het nie. Want Natuurbewaring en die Departement van Veeartseny het tot en met vandag nog nooit daardie wet verander nie, maar die *dip and ship*-industrie bekommer hom-self tot vandag toe nog dood daaroor. Ek is skoon trots op myself, want tussen my en die regering is ek die enigste een wat verander het, en so kan jy ook vir beter verander.

Ek het drie jaar lank by die Technikon van Pretoria avontuurtoerisme geswot en besluit om op te skop omdat daar geen waarde vir my daarin was nie. En ja, my punte was baie swak; ek het in my derde jaar nog steeds vier eerstejaarsvakke gehad. Die oefening het my ouers honderde duisende rande uit die sak gejaag. Vergelyk dit nou met 'n weekkursussie by oom George Nel wat R4 000 gekos het en die deure oopgemaak het vir 'n besigheid wat 'n paar jaar later miljoene draai. Kan jy sien hoe 'n klein belegging in jouself kan lei tot iets groots? Wat dink jy sou gebeur het as ek nie besluit het om taksidermie te gaan leer nie, maar eerder besluit het om van toe af tot nou die regering teen te staan om nie die wet te verander nie en vandag nog steeds net *dip and ship*-werk gedoen het. Noudat ek daaraan dink, miskien moet hulle tog die wet verander sodat my kompetisie bietjie moet skarrel!

KURSUSSE EN WERKSWINKELS

Soos dit vir my niks lekker was om op skool te lees nie en ek nou baie daarvan hou om te lees omdat ek belangstel in wat ek lees, net so het ek niks daarvan gehou om op skool en op technikon die goed op die tafel te leer nie. Om die eenvoudige rede dat ek geen waarde daarin gesien het nie. 'n Wetenskaplike sou seker van wetenskap op skool gehou het, maar ek het dit gehaat. Hoekom wil ek nou weet hoe om te toets vir stysel op 'n aartappel? Wys my eerder hoe om 'n *potato gun* te maak met PVC-pyp en jy het my aandag.

Wanneer laas kon jy nie wag om wakker te word nie omdat jy meer oor iets wou leer? As jy op skool soos ek was, sal jy onthou dat om op te staan in die oggend vir skool seker die moeilikste taak vir die dag was.

Kom ek kom by die punt: skool was nie jou laaste leerhawe nie en ek dink skool was ook nie jou beste leerhawe nie. Die goed wat jou 'n huppel in jou trippel gee, is die goed wat jy moet leer, want dan leer jy die fynste detail van die onderwerp. Ek het baie belang-gestel in taksidermie en het ure in taksidermielokale rondgeloop; daarom was ek een van oom George Nel se beste studente en was ek elke oggend eerste daar – regte hoofseunmentaliteit. Selfs iets waarin jy nie belangstel nie, maar wat belangrik is om te verstaan sodat jy iets kan verrig wat wel vir jou belangrik is, gaan jy makliker leer. Soos toe ek Photoshop geleer het. Ek stel nie baie belang in die program nie, maar dit was nodig om die brosjure wat ek baie graag wou hê, reg te kry.

Kort kursusse en werkswinkels is presies waarvan ek praat. Ek kan jou vir ure besighou met aanlyn kursusse wat ek voltooi het wat vandag vir my baie beteken. Op 'n keer het ek en 'n grafiese ontwerper vorentoe en agtertoe beweeg met die ontwerp van 'n brosjure. Ek is nie mooi seker nie; dalk na die tweede of derde verandering het die ontwerper my begin geld vra vir elke verandering. Na ongeveer tien verander-ings en aanpassings het ek die som gemaak en besef dat die storie nou duur begin raak. Ek het die ontwerp aanvaar met my tong in die kies, daarvoor betaal en dit in die asblik gegooi. In daardie tyd het ek 'n nota in my joernaal gemaak van die program se naam, Photoshop, wat die ontwerper gebruik het. By die huis raadpleeg ek Google toe met "how to design a brochure in Photoshop" en BOEM! daar is 'n tweedag- aanlyn kursus vir $97. Ek doen toe sommer die kursus in een dag, regdeur die nag, en ontwerp my eie brosjure die volgende dag en stuur die ontwerp na die drukkers. Ek is nie 'n ekspert met Photoshop nie, maar ek het al baie goed vir myself, my vriende en familie ontwerp – van advertensies tot *banners*. Dis my keuse; as ek regtig wil, kan ek die vaardigheid nog verder neem, maar vir nou is dit nie nodig nie.

Onthou jy aan die begin van die boek het ek genoem dat die risiko om in jouself te belê baie laag is en dat jy nie regtig jou geld kan of gaan verloor nie? Met 'n kort kursus soos oom George Nel se taksidermiekursus en die aanlyn Photoshopkursus kan ek nie sien hoe jy jou geld gaan verloor nie, behalwe as jy die kursus nie voltooi nie. Die risiko is baie laag en die opbrengs baie hoog. Om die opbrengs presies uit te werk in wit en swart is 'n moeilike som om te maak. Gelukkig is die resultaat so groot dat dit nie saak maak nie: R4 000 taksidermiekursus = besigheid wat miljoene draai. Die enigste manier hoe jy kan verloor, is as jy nie die kursus doen nie en dit nie implementeer nie. Selfs al is dit 'n swak kursus of 'n *scam*, dan leer jy ook wat om nie te koop nie en om volgende keer beter navorsing te doen. Met ander woorde, jy gaan iets leer. Dit geld vir enige belegging.

Kyk na aandele. Jy kan vandag al jou aandele verloor, soos met Steinhoff. Om die waarheid te sê, wat is aandele op die aandelemark nou regtig? Die huis waarin jy belê, kan vandag gevat word; dit sal dalk moeite verg, maar dit is nie onmoontlik nie. Jou beeste kan vandag almal bek-en-klouseer kry en doodgaan. Ek dink jy verstaan wat ek bedoel: as jy in jou brein belê, kan dit nie van jou af weggeneem word nie. Jy hoef nie eers te sê "oor my dooie liggaam nie", want selfs oor jou dooie liggaam kan jy nie jou belegging verloor nie. Maak dit sin? Gestel jy wil jou kennis deel, dan kan jy. Jy kan dit verniet deel as jy wil of jy kan geld vra om dit te deel.

Hoe meer jy leer en hoe meer vaardighede jy besit, hoe minder vrees ervaar jy dan in die lewe. Byvoorbeeld, as ek vandag alles moet verloor, gaan dit niks lekker wees nie; dit is waar. Om van *scratch* af weer te begin is nie 'n aangename gedagte nie. Maar ek gaan vir seker nie in 'n plakkerskamp opeindig nie. Hoekom? Want ek weet hoe om allerhande dinge te doen: bemarking, grafiese ontwerp, professioneel jag, besigheid, *websites* ontwerp, sweis, houtwerk, draadspan, ensovoorts. Hoe meer jy leer, hoe meer geleenthede is daar vir jou, en dit is snaaks hoe alles wat jy leer altyd op 'n manier bymekaarkom en sin maak en so vir jou as persoon geweldig baie waarde inhou.

Die probleem is wanneer jy op 'n gemaklik plek is waar jy jouself nie druk om meer te leer nie en net gelukkig is met jou omstandighede. Dan raak dit gevaarlik as jy skielik ontneem word van jou gemaklike omstandighede. Sommige onderwysers wat ek ken, bevind hulself op so 'n plek. Van die onderwysers wat vir my skool gehou het, gee vandag vir my kinders skool. Hulle is baie goed in wat hulle doen en die Departement van Onderwys hou 'n aftreepolis as 'n lekker vet wortel voor hul neus en so is die pad na aftrede baie gemaklik. Wat gaan gebeur as daardie gemaklike mat onder hul voete uitgepluk word? Kan jy jouself voorstel hoe dit moet voel as jy die dag besef dat al wat jy weet om te doen is om skool te gee en jy verloor jou werk?

Die onderwyser wat meer in homself belê, gaan nie op dieselfde plek wees nie. Dis die onderwyser wat wiskunde, of dalk 'n paar vakke, baie goed vir kinders kan leer, maar wat ook 'n bus kan bestuur en die nuutste tegnologie gebruik, nie net om kinders te leer nie, maar ook om sy administratiewe take tien keer vinniger te doen. Dis die onderwyser wat Snapchat en Tik Tok beter as die kinders ken en dit gebruik om hulle te leer of wat dalk videolesse op YouTube laai. Dis die onderwyser wat weet hoe om 'n skool aan ouers te bemark en dan te verkoop of die onderwyser wat 'n onderhandelingskursus agter die blad het en dit kan gebruik om met moeilike ouers te onderhandel as hul kind nie 'n prefek is nie, of selfs om te onderhandel om borgskappe te kry. Dan, laastens, dis die onderwyser wat besigheidsvaardighede het wat weet wat 'n besigheid sal motiveer om die skool te borg. Sy besigheidsvaardighede sal hom ook help die dag as hy dalk sy werk verloor, maar ek glo nie dit gaan nodig wees nie, want die volgende skool gaan hom vinnig opraap.

Komaan! Jy is beter as dit. Wat dit ook al is wat jy wil leer, leer dit! Daar sal 'n kursus daarbuite wees. Dit is dalk in Engels, maar as jy nie Engels verstaan nie, is daar 'n kursus wat jou Engels sal leer of jy kan Londen toe gaan en vir 'n jaar daar gaan werk. Jy sal Engels baie goed praat wanneer jy terugkom! Die keuse is joune: gaan jy soos 'n lêhoender in 'n hok sit en gemaklik goue eiers lê terwyl iemand jou voer en jy gemaklik jou mieliepitte oppik en die gedagte dat daar 'n moontlikheid is dat die mielies nie môre gaan kom nie, net ignoreer? Of gaan jy begin kyk hoe jy in daardie einste hok kan leer praat soos 'n papegaai en so 'n hoender van waarde kan word? Ek is seker daar is iewers 'n kursus wat 'n hoender kan leer praat! Wel, as daar nie een is nie, dan is daar wel 'n kursus wat jou sal leer om in die openbaar te praat.

WAT IS DIE VOORDELE VAN KURSUSSE?

Daar is lang kursusse en kort kursusse. Ek glo dit is die kort kursusse wat die meeste waarde bied. Dit beteken natuurlik nie dat lang kursusse swak is nie, maar baie keer bevat dit onnodige inligting wat jy nie nodig het nie. Dis soos die *silverside steaks* wat nie noodwendig swak *steaks* is nie, maar eerder minder *lekker* steaks.

Met die wye verskeidenheid kort kursusse beskikbaar, kan jy kursusse vind om by jou huidige private en professionele verbintenisse te pas, wat ook 'n paar groot voordele vir die lang termyn vir jou loopbaan sal insluit.

VINNIG EN 'n MAKLIKE METODE

'n Kort kursus is 'n goeie manier om te studeer. Dit is vinnig, maklik en toeganklik, en jy kan dit deeltyds doen sonder enige ongemak.

DIT IS INHOUDSPESIFIEK

'n Kort kursus is baie spesifiek en konsentreer net op presies dit wat jy wil leer. Universiteite en lang kursusse sluit dikwels allerhande tierlantyntjies in om die kursus volume te gee en die prys te regverdig, maar wat 'n mens nie regtig nodig het nie.

DIT IS GOEDKOOP

Kort kursusse is baie goedkoop as jy dit vergelyk met universiteitskoste.

SPAAR GELD IN DIE TOEKOMS

Nie net is 'n kort kursus op sigself bekostigbaar nie, maar as jy een doen, kan jy in die toekoms ook geld bespaar. Hoe? 'n Kort kursus is 'n goeie manier om 'n inleiding tot 'n spesifieke loopbaan- of studierigting te kry of dit uit te toets. Dit is slim om dit só te doen voordat jy gaan staan en al jou tyd en geld belê in 'n studierigting waarvan jy nie seker is nie.

In werklikheid begin duisende studente elke jaar met 'n lang en duur universiteitsprogram, net om 'n paar maande later te besef dat hulle 'n groot fout gemaak het. Of, soos ek, na 'n paar jaar. Dis 'n paar jaar en baie geld in die drein af wat jy nie kan terugwen nie.

'n Studie het bevind dat 'n skokkende 40% van Suid-Afrikaanse studente in hul eerste jaar die universiteit verlaat as gevolg van finansiële probleme (University World News).

LEER WAAR EN WANNEER JY WIL

Jy kan 'n kort kursus van die huis af en op enige plek in Suid-Afrika doen. Wat nog beter is, jy sal in jou vrye tyd kan studeer en jou kort kursus kan inpas by jou huidige leefstyl.

HOU JOUSELF GESTIMULEER, GEÏNTERESS-EERD EN GEÏNSPIREER

Om 'n kort kursus te doen, is 'n goeie manier om jou kopbeen aktief en skerp te hou. Ons is van nature honger vir nuwe kennis en ervarings. Stimuleer dus jou gedagtes en versterk jou werkslewe deur hierdie jaar iets nuuts te leer. Dit is belangrik om deur jou hele lewe te leer, selfs al het jy nie 'n ander kwalifikasie nodig nie, want leer:

- verbeter jou geheue;
- hou jou gedagtes gesond, ook op 'n hoë ouderdom (dit help selfs om siektes soos Alzheimer's te voorkom);
- hou jou geïnteresseerd in jou werk en maak jou dus 'n gelukkiger mens; en
- inspireer jou met nuwe kennis en idees, waardeur jy 'n suksesvolle loopbaan kan opbou.

HOËR SALARISSE

Min mense sal sê dat 'n hoër salaris iets is wat hulle nie van sou hou nie. Om kort kursusse te doen in die beroepswêreld is 'n goeie gewoonte om te ontwikkel. Dit sal ook help om die belangrikste vaardighede aan te leer wat waardevol vir die besigheidsonderneming sal wees, wat dan jou salaris kan verhoog.

Onthou, om jou werk sover te kry om vir jou meer geld te betaal, moet jy meer waarde vir die onderneming kan gee. Met ander woorde, as jy vir die onderneming meer geld kan maak, kan die onderneming jou meer betaal. Die meeste mense wil hê die werk moet hulle 'n verhoging gee en neem maar net aan die onderneming kan dit bekostig. In werklikheid moet jy eers die onderneming help om jou verhoging te kan bekostig en dan kan jy daarvoor vra.

BETER VOORUITSIGTE OP BEVORDERING

Om aktief te studeer is 'n goeie manier om jou van ander werknemers en werksoekers te onderskei. Werkgewers neem kennis van mense wat die ekstra myl stap om hulself te verbeter. Hulle beskou sulke individue gewoonlik as bates vir hul ondernemings. As jy tydens 'n onderhoud aan jou werkgewer of voornemende werkgewer kan bewys dat jy tans werk en studeer, sal jy wys dat jy dryfkrag en potensiaal het en dat jy 'n hardwerkende, ambisieuse kalant is.

DIE NUUTSTE EN BESTE VAARDIGHEDE

Die meeste mense hou nie daarvan om te verander nie, maar die feit is dat die wêreld nie stilstaan nie, maar gedurig verander. As jy 'n persoon is wat weet hoe om iets te doen soos die wêreld dit benodig omdat dit verander het, gaan jy uitblink soos 'n diamant in die seesand. En 'n diamant wat in die seesand blink, is 'n waardevolle ding! Mense het al moord gepleeg vir diamante. So, hoekom sal mense dan nie vuisslaan vir jou vaardighede nie?

VERANDER JOU STOKPERDJIE IN JOU BESIGHEID

Miskien weet jy in watter rigting jy wil gaan en dit het dalk niks te doen met universiteitstudie nie. Gestel jy wil met jou eie onderneming begin, benodig jy 'n verskeidenheid vaardighede, anders as dié wat jy reeds het. Daar is 'n verskeidenheid kursusse wat aanlyn aangebied kan word. Jy kan dus 'n spesifieke seleksie van kursusse neem om die vaardighede aan te leer om 'n onafhanklike entrepreneur te word en jou eie pad te volg.

HOE GAAN 'n MENS TERUG SKOOL TOE?

KRY JOU KOP REG

Ek sou sê die eerste ding wat moet gebeur is, jy moet jou kop regkry.

In 2016 het ek 'n aanlyn kursus van Russell Brunson, die medestigter van Click Funnels, voltooi. Die hele aanlyn bemarkingswêreld het vir my oopgegaan en veral die geweldige krag van Facebook. Danksy my nuwe kennis het ek my besighede aanlyn begin bemark en baie gegroei. Ek was verstom met die resultate en die effektiewe manier waarop mense op Facebook kan adverteer. Ek het ook opgemerk hoe min Suid-Afrikaners op die regte manier aanlyn bemark. Ek besluit toe ek wil ons Suid-Afrikaners met my nuwe kennis help en dat ek dit in Afrikaans gaan doen. So gebeur dit dat ek 'n aanlyn kursus doen om te leer hoe om 'n aanlyn kursus te skep en te verkoop. Ses maande later is my eerste prototipe kursus op die aanlyn rak. Baie opgewonde begin ek die bemarking en die verkope van my eie aanlyn kursus. Op Facebook sit ek 'n advertensie met 'n kort video waarin ek myself afneem met my selfoon (glo my, dit was baie vreemd) en verduidelik dat ek 'n gratis aanlyn webinaar hou. Vir myself het ek nogal baie soos 'n betroubare, Afrikaanse boerseun gelyk. Ek het van nature baie vriendelik en gaaf op die video voorgekom. Mense registreer vir die webinaar en dan vertel ek vir hulle hoe dit werk om op Facebook te adverteer en hoe ek dit gebruik het. Aan die einde van die webinaar verkoop ek dan my kursus. Wat in die storie belangrik is, is die feit dat ek die kursus waarborg. Ek noem vir die mense dat as hulle nie van my kursus hou nie, ek hulle geld vir hulle sal teruggee sonder om vrae te vra. So is die bal aan die rol en soos enige besigheid is daar altyd maar 'n leerkurwe, maar die verkope het vinnig toegeneem.

Hier is wat ek geleer het. Ek is baie vinnig op sosiale media gemerk as iemand wat besig is met 'n *scam*, iemand wat mense se geld wil steel. Ek is geoordeel oor my voorkoms en gekritiseer oor my vermoë om op Facebook te adverteer en my ervaring rondom die onderwerp. Ek was verstom oor die hoeveelheid tyd wat mense bereid is om daarop te spandeer om my te ondersoek en dan te bombardeer met aantygings. Gelukkig het ek 'n dik vel. Ek weet dat ek 'n doel het om mense te help om hul besighede beter en meer effektief te bemark en dat my doel nie is om mense te *scam* nie. Daarom is daar 'n waarborg. Ek wil nie hê mense moet iets koop en later uitvind dit werk nie vir hulle nie en dan is hulle spyt daaroor. Tot en met vandag, soos ek hier skryf, het ek al agt mense se geld vir hulle teruggegee. Hulle het hul redes met my gedeel, maar dit was nie eers nodig nie. Van die mense het die hele kursus voltooi en toe hulle geld teruggevra; dit was ook nie 'n probleem nie.

Die punt wat ek hier probeer maak, is dat ons ons kopbeen moet regkry en besef dat dit wel moontlik is om van mekaar te leer. Almal is nie skelms nie. Die meeste aanlyn kursusse word gewaarborg en daarom is dit vir die ontwerper belangrik om 'n goeie produk te skep; anders gaan mense hul geld terugvra. Dit vat baie tyd en moeite om 'n kursus aanmekaar te slaan en die goed wat agter die skerms gebeur om daarvan 'n sukses te maak, is baie werk. Daarom glo ek die kans dat jy nié iets gaan leer nie, is baie skraal, want wie gaan deur al die moeite gaan as hy nie iets van waarde het om te deel nie? As jou mentaliteit egter negatief is, skep jy weerstand om iets nuuts te leer en dan probeer jy dit regverdig deur iets te sê soos: "Dis sommer net 'n *scam*."

Die eerste ding is wat jy moet doen, is jou kop regkry; moenie dink die wêreld van aanlyn kursusse is net een groot *scam* nie!

Dink so daaraan: by wie wil jy eerder leer om iets te doen?

1. Die onderwyser op skool wat bedryfsekonomie gee, maar nog nooit 'n besigheid bedryf het nie en wat ook nie die skoolfooie waarborg nie.

2. Of 'n gawe kalant soos Bertus Steenkamp, wat in die afgelope vyftien jaar verskeie besighede begin het, waarvan baie suksesvol is, terwyl daar ook ander is wat lelik misluk het. Plus jy het die geleentheid om jou geld terug te vra as jy nie tevrede is met die kursus nie.

Ja, daar is *scams*. Dit is 'n realiteit. Jy moet versigtig wees; dit is waar. Maar die beste manier om dit te sien is so: moenie alles deur 'n *scam*-bril bekyk nie; wees objektief en gee die kursus die voordeel van die twyfel.

VIND UIT WAT JY WIL LEER

Dit gebeur so baie dat ek sien iemand maak baie geld met iets en dan dink ek: "Wow, ek kan dit ook doen!"

Dis seker maar 'n entrepreneurseienskap. Dis dalk in ons Suid-Afrikaners se DNS.

Ek onthou op die plaas het my oupa grondboontjies geplant. Dit was my oupa se passie. As jy hom gesoek het, het jy in die grondboontjielande gaan soek. Een jaar was die grondboontjieprys baie goed en my oupa het 'n lekker vet wins met sy oes gemaak. Hy koop toe 'n groot, nuwe trekker – 'n groen een – en laat ons dit nou net waag om op daardie trekker te speel! Saam met die trekker koop hy nie een nie, maar twéé splinternuwe Isuzu-bakkies. Alles is goed. My oupa se oes kon dit bekostig. Die klassieke gebeur egter. Ons buurman gewaar die trekker in die stoor. Sondag stop my oupa by die kerk met sy een splinternuwe bakkie en toe weer Maandagoggend by die koöperasie met die ander een. "Wat het Gerrie gedoen om daai groen trekker en twee bakkies te koop?" gons die gemeenskap. Die volgende jaar plant die hele Steenbokpangemeenskap grondboontjies. En so moet hulle leer hoe om dit te doen, wat hulle nodig het, wanneer die beste tyd is en hulle moet deur die groeipyne beweeg. Maar dit is nie omdat hulle 'n passie daarvoor het soos my Oupa nie; nee, dit is daardie groen trekker en die twee nuwe bakkies wat hulle motiveer. Daardie jaar is die mark egter versadig en die prys van grondboontjies is nie so goed nie. So het die meeste van die mense moed verloor en moed opgegee met die grondboontjiestorie. Dis nou behalwe my oupa, wat nog steeds 'n passie vir die gewas gehad het. Die jaar daarna was daar weer minder grondboontjies in die mark en die prys was weer goed.

Die probleem is dat as iets nie in lyn is met jou waardes en belangstelling nie, gaan jy vinnig belangstelling verloor. Dit is dus belangrik dat jy seker maak dat die rede waarom jy iets wil leer belangrik is vir die doel wat jy in die lewe wil bereik en nie net iets is wat iemand anders doen en waarmee hy geld maak nie. Elke bedryf maak geld, selfs die een waarin jy nou is; dis waarom dit 'n bedryf is. Dit is egter dié wat baie goed daarin is wat daai groot groen trekker kan bekostig. Vind uit wat dit is wat jy moet leer om jouself beter te maak in jou bedryf (wat jy reeds verstaan) of in jou stokperdjie of vir jou gesin se toekoms. Probeer om nie rond te kyk wat ander doen nie; doen eerder selfondersoek.

Dit is wel belangrik om nuuskierig te wees om uit te vind hoe iets werk of hoe om iets te doen. Dit is baie belangrik. Die punt wat ek hier probeer maak, is dat jy nie ander mense bloot moet na-aap omdat dit lyk of dit wat hulle doen, werk en jy dit dan aanpak selfs al is dit iets waarvan jy nie hou nie. Op skool leer ons goed waarvan ons nie hou nie; nou moet jy goed leer waarvan jy hou.

As jy nuuskierig is en rondkyk hoe ander bedrywe dinge doen en jy iets opmerk wat jy kan gebruik in jou besigheid of stokperdjie, dan is jy op die regte pad.

Kyk, daar is altyd geleentheid vir verbetering. ALTYD. Niks wat jy in die lewe gaan doen, gaan 100% volmaak wees nie. Dit is presies die rede waarom dit so lekker is as jy iets ontdek wat jou voor jou kompetisie plaas of, as jy 'n werknemer is, wat jou voor jou medewerkers sit.

Aan die einde van 2019 moes ek begin ondersoek instel oor bemarkingsmateriaal. My kompetisie is myle agter my as dit kom by bemarking op sosiale media en in 2020 is dit vir my belangrik dat ek steeds die voortou neem. My Facebook-bemarkingsplan benodig drie kort video's van so 30 tot 40 minute. Wat vir my belangrik was, is dat die video's die taksidermiebedryf op sy kop moes gooi. As mense na my video's kyk, is ek op soek na die volgende opmerking: "Wow! Dis nou iets anders!"

So begin my soektog en ek begin deur na ander bedrywe te kyk, soos voertuigvervaardigers, en sportsoorte, soos skaatsplankryers, en later na die vervaardigers van skaatsplanke en, en, en. Soos ek aanbeweeg, begin ek meer leer van 'n filmmetode wat "B roll" genoem word. Dis iets nuuts! Ek gaan google toe vir 'n aanlyn kursus oor B roll en kry 'n baie goedkoop kursus vir slegs R200 op Udemy. Plus op YouTube is daar baie mense wat stap vir stap vir jou wys hoe om die video's te maak. Na die kursus weet ek presies wat om te doen, maar ek is nie die beste persoon vir die taak nie, want my kameragereedskap is nie reg nie. Ek kry toe vir my 'n professionele kameraman en verduidelik vir hom presies wat ons gaan doen. Ons skep toe drie uitstekende video's van die taksidermie en ek gebruik dit om my taksidermie op sosiale media te bemark.

Drie maande later sien ek hoe my kompetisie dieselfde probeer, maar hulle het nog bietjie werk nodig en ek is in my skik met myself, want dit beteken Trophex is die *trendsetter*.

Die punt wat ek probeer maak, is dat jy jouself moet druk om te groei. Klim uit daardie gemaklike roetine. Baie mense doen dinge jaar na jaar op dieselfde manier en as hulle verander, is dit gewoonlik op 'n manier wat iemand anders in die bedryf reeds doen, want dit voel net veilig. Kyk na dit waarmee jy besig is en dink hoe jy dit anders kan doen. Leer dan hoe om dit te doen. Of vat iets wat jou vandag frustreer en gaan dink bietjie na oor hoe jy die frustrasie daaruit kan haal, soos ek wat gefrustreerd was met die brosjure-ontwerper en besluit het om te leer hoe om Photoshop self te doen.

Sodra jy weet wat dit is wat jy moet leer, kan jy na die volgende stap toe beweeg.

WAAR OM KURSUSSE TE KRY

GOOGLE! Om te google moet 'n gewoonte word! Jy is al vir jare in verbinding met die hele wêreld se inligting en mense regoor die wêreld probeer alles met mekaar deel – enigiets van hoe om glasoë te maak tot hoe om jou eie sonpaneel te bou. Alles is op die internet. Vra maar vir Google; hy sal dit bevestig.

Jy kan ook na websites toe gaan soos Udemy.com of Skillshare.com. Daar is hordes kursusse in omtrent al die industrieë.

As jy begin google en rondkrap, sal jy later opmerk dat daar advertensies in jou Facebook News Feed en jou Instagram News Feed opkom. Jy kan gewis na daardie kursusse ook kyk, want daardie mense betaal baie om die advertensie vir jou te wys. Ja, wees versigtig, maar moenie met jou *scam*-bril na alles kyk nie. Ek het al baie kursusse op Facebook gekoop en nog nie een was 'n *scam* nie. Ek het ook al baie gratis webinaars bygewoon en baie gratis kursusse van Facebook afgelaai wat baie vir my beteken het.

Moenie die *average* Joe bly nie. Moenie die res van die gemeenskap los om vir jou te wys wat werk en wat werk nie. Wees eerder die een wat eksperimenteer. Probeer iets nuuts en groei. Of dit nou werk of nie, jy groei altyd as jy iets nuuts probeer. Dit is nie verkeerd om verkeerd te wees nie. Om verkeerd te wees is belangrik. Dit maak jou slimmer en sterker. Skool leer ons dat as jy verkeerd is, is jy dom. Hulle is verkeerd. Ons gebruik vandag baie goed wat mense ontwerp het wat eers menigte male verkeerd was met dit wat hulle probeer ontwerp het, tot hulle op 'n punt gekom het wat die saamgestelde rente van al hul mislukkings gelei het tot 'n produk wat ek en jy vandag gebruik.

As jy my nie glo nie, glo dan die Bybel. Daar staan in Spreuke 4:5-9: "Sorg dat jy wysheid bekom, en insig! Moenie my woorde vergeet en daarvan afwyk nie; maak die wysheid jou metgesel, dit sal jou beskerm; as jy dit liefhet, sal dit jou veilig bewaar. Die wysheid kom eerste. Sorg dat jy wysheid bekom, gee alles wat jy het, om insig te kry! Slaan dit hoog aan, dan sal dit aan jou aansien gee. Dit sal jou 'n man van betekenis maak as jy dit vasgryp. Dit sal jou lewe versier, dit sal vir jou 'n sierlike kroon wees."

Wat is daardie ding wat jou frustreer? Waarmee is jy besig? Dink hoe jy dit anders kan doen en gaan probeer dit dan. Wat het jy om te verloor? Bekom wysheid; die Bybel sê jy moet dit hoog aanslaan. Waarom nie?

KRY 'N AFRIGTER

DIE LANG KALANT

Dis nog nie eers Kersfees nie en my ma laai my af by 'n huis in die dorp waar ek, soos ek dit sien, my volgende uittrap gaan kry in 'n koue kantoor. Om die waarheid te sê, ek het nie 'n idee wat om hier te verwag nie, maar ek is gelaai soos 'n AK47. Moenie vir 'n oomblik dink ek gaan aantrek soos 'n leerling wat skimp vir leerling-graad nie. Nee, swart is die kleurkeuse. My rebelgeen het nou tot in die rooi ingeskop; my vel is so dik soos 'n olifant s'n en my houding so steeks soos 'n donkie. Hulle kan maar kom; niemand gaan my niks maak nie. En ek dink aan wat een van my slegte vriende vir my gesê het: "Hulle gaan nie jou kop afkap nie! Waaroor worrie jy?"

Al ooit gewonder wat gebeur het nadat ek in stan-derd agt saam met my ouers in meneer Olivier se kantoor gesit het en moes deel hoe ek en my vriende drooggemaak het?

Ek trek die deur oop en dit lyk soos 'n huisdokter se wagkamer. Die dame agter die toonbank sê ek moet op die lekker sagte bank sit. "Dokter gaan nou by jou wees." Dokter? dink ek. Wat in die lewe is dit, ek is mos nie siek nie! Die volgende oomblik kom die "dokter" om die hoek. Hy is seker twee meter lank en sy neus alleen weeg seker 'n kilogram. Ek dink by myself: Hy kan seker 'n rot in 'n slaghuis uitruik. Dalk is dit hoekom ek hier is – my ouers wil hê hy moet 'n rot in my lewe uitruik, lag ek vir myself. "Kom jong, man! Soek jy koffie?" Ek staan op en sê nee vir die koffie. "Maak vir my een van daai grotes," sê hy vir die ontvangsdame terwyl ons by sy kantoor instap.

Die "dokter" se kantoor was anders. Ek het tuis gevoel. Ek was eers bangerig vir die lang kalant met sy groot neus, maar toe die ontvangsdame sy koffie in een van daai groot blikbekers bring ... wag ek moet dit mooi verduidelik – as ek sê "daai groot blikbekers", dan bedoel ek daai GROOT bekers wat 'n liter koffie vat. Gaan kyk maar by die One Price Store; hulle is daar. "Is jy seker jy soek nie ook koffie nie? Ek hou baie van koffie," en hy glimlag vir my. "Dis 'n *cool* hemp wat jy dra! Ek is mal oor Metallica. My gunstelingsong is *Nothing else matters*," sê dokter Karel Botha vir my. Gmmmf, dink ek, my ma het my by die verkeerde huis afgelaai.

Vir die eerste keer in my lewe het ek en 'n oom land en sand gepraat, vir ure, tot hy sy liter koffie opgedrink het. Die oom was so geïnteresseerd in wat ek doen en hoe ek die wêreld sien. Hy het goeie vrae gevra wat my soms diep laat krap het vir 'n antwoord. Dan het hy my gekomplimenteer met my uitstekende denkwyse en insig. Ja, ek weet hy was 'n sielkundige, net nie enige tipe sielkundige nie – volgens my 'n baie goeie een.

Vir die eerste keer in my lewe het iemand na my geluister en regtig belanggestel. Dit is baie hoe ek en jy dalk vandag se lewe ervaar: mense wil nie regtig na jou luister nie. Ja, mense luister oppervlakkig na jou, maar nie in diepte nie. In jou diepste worstelinge is jy gewoonlik alleen.

DIE WOORD "EK"

As ek nou teruggaan in die boek moet ek met 'n rooi gesig erken dat ek nogal baie oor myself praat. Tyd het my geleer dat mense nie regtig na jou luister as jy die heeltyd net oor jouself praat nie, tensy hulle by jou wil leer. Daarom hoop ek regtig jy het tot hier gelees en sien my nie as iemand wat vol is van homself nie. My doel is om my ervarings met jou te deel sodat jy daarmee kan identifiseer en sodoende iets daaruit kan leer wat jou op 'n hoër vlak sal plaas.

Die realiteit is dat jy die enigste persoon is wat regtig baie belangstel in die planne wat jy in jou kop rondgooi. Mense sal dalk 'n bietjie luister na jou doel-witte en planne, maar dit gaan nie lank vat voor die voëltjies en kriekies begin sing nie.

Die lewe van 'n entrepreneur is baie eensaam; diep binne jouself is jy alleen. Alhoewel mense maklik vir jou raad sal gee, moet jy verantwoordelikheid neem vir jou eie besluite. En omdat mense nie tot in die kern na jou stories wil luister nie, gaan hul raad gewoonlik nie die beste wees nie. Die enigste persoon wat regtig weet wat om te doen, is jy en jy alleen, maar jy het iemand nodig wat jou kan help om daardie kop van jou aan die gang te kry sodat jy kan begin dink. As ek sê "dink", bedoel ek regtig intens dink. Ons raak vinnig lui om te dink. Dis makliker om rond te vra oor 'n onderwerp as om iets by jouself uit te *figure* en daaroor na te dink.

Omdat ons min regtig dink oor wat ons kan en moet doen, sien ek dit as geroeste ratte in jou kopbeen wat nie draai nie, of nie genoeg draai nie, en dan roes hulle. As kind het ons altyd 'n fiets omgedraai en op sy saal neergesit om olie op die ketting te gooi. Jy wil graag hê die trappe en die wiel moet draai, maar dit is moeilik om die trap met die een hand te draai en dan die oliekannetjie vas te hou met die ander hand. Wat jy eintlik soek, is iemand wat die olie kan gooi terwyl jy die fiets met die een hand vashou en die trap met die ander een draai.

Wat jy nodig het, is 'n persoon wat na jou sinne vol "ek"-woorde sal luister en daarin belangstel en dan vir jou goeie vrae kan vra. Vrae wat soos olie op daardie ratte in jou kopbeen kan val en die goed aan die draai kan kry. Sommige van jou goeie vriende doen dit; dit is waar tot op 'n punt, maar ongelukkig gaan jy iemand moet betaal om te luister na al jou "ek"-stories. So 'n persoon noem jy 'n "afrigter". Dit kan 'n besigheidsafrigter wees of 'n afrigter in persoonlike ontwikkeling of selfs 'n lewensafrigter.

KRY DIE RATTE IN JOU KOP LOS

Ek moet sê, met 'n besigheidsafrigter het ek gelukkig min lesse geleer. Ek was gelukkig om op die regte besigheidsafrigter af te kom sonder om 'n fout te maak. Ai, hier gaan ek al weer met my ek-stories!

Boeke het 'n manier om met mekaar te praat en soos jy begin om die een na die ander boek te lees of te luister, sal jy hier en daar begin opmerk dat daar hoog aanbeveel word dat jy 'n afrigter kry wat goeie vrae kan vra. Boeke soos *The e-myth revisited* deur Michael E. Gerber en *High performance habits* deur Brendon Burchard het my byvoorbeeld laat dink dat dit belangrik is dat ek 'n afrigter moet kry. Die boeke het dit nie uitgespel nie; dit was eerder die verwysings en die feit dat, byvoorbeeld, Brendon Burchard self 'n besigheidsafrigter is en dat suksesvolle mense hom bitterbaie geld betaal. Dit het my laat wonder: as mense wat reeds suksesvol is, nog steeds iemand anders daarvoor betaal, hoekom doen ek en jy dit nie?

En so gaan vra ek toe weer hulp by Google – "Best business coach in South Africa" – en voilà, ek kom op https://www.sabusinesscoaches.co.za/ af. Ek praat daar met Neale Roberts en hy vra vir my 'n paar vrae en stel toe voor dat ek vir Eugene van der Merwe gebruik as 'n besigheidsafrigter. Miskien moet ek eerder sê Eugene is 'n entrepreneursafrigter. Ons reël toe 'n gratis intreesessie by Eugene se kantoor en so begin 'n nuwe hoofstuk in my lewe.

Eugene se sessies het daardie tyd R2 500 vir 'n twee-ure-sessie gekos. Soos ek hier skryf, vra hy R3 000 per sessie. Ja, ek weet jy skree seker: "Dis DUUR!" Onthou, jy is besig om in jouself te belê, en as dit by beleggings kom, sal 'n kenner vir jou sê: hoe groter die opbrengs wat jy op jou belegging wil hê, hoe groter gaan die risiko wees. Maar kyk, toe ek vir mense vertel ek gaan Eugene R2 500 betaal vir besigheidsafrigting het die wenkbroue omtrent gelig.

"Bertus, is jy mal! Het die kalant darem besighe-idservaring?" Dis vir my snaaks as iemand dit vir my vra terwyl ons almal op skool goed geleer word deur mense wat nie ervaring het in dit wat hulle vir ons leer nie.

"Het die ou darem 'n graad in besigheid of iets?" Eish! Dis 'n goeie vraag. Ek het nie daaraan gedink nie. Ek is ook nie seker of dit belangrik is nie. Noudat ek daaraan dink, ek het ook nie gekyk of Eugene regtig die eienaar van 'n besigheid is nie. Ek was dalk roeke-loos in my besluit, maar dit was die goeie vrae wat Eugene kan vra wat vir my belangrik was. Dit is waarin die waarde lê, en die feit dat hy alles uitluister.

"Goeie vrae? Luister? Nee hel, Bertus, dalk moet jy weer gaan sit en dink. Sal jy 'n vet *personal trainer* kry om jou te wys hoe om te *gym*?" En so het dit aangegaan.

Gelukkig is ek hardkoppig as dit by my besluite kom. Ek verkies om op die harde manier te leer, met foute. Volgens my is dit nie baie lekker om foute te maak nie, maar dit is vir seker die beste manier om te leer en dit gee mense die kans om oor iets te skinder, terwyl dit jou sterker maak.

Kyk, hierdie besigheidsafrigtingding is maar vreemd vir die meeste mense en kan maklik voorkom as 'n mors van geld. Ek het dit so gesien: as almal dit gedoen het, wel, dan was dit nie iets wat my gaan suksesvol maak nie, want suksesvolle mense is bereid om te doen wat die meeste mense nie bereid is om te doen of voor te betaal nie. Dis nogal 'n goeie manier om na omstandighede of besluite te kyk en te wonder of almal dit sal doen en of die meeste mense dit as moeilik of onnodig sal beskou. Die Bybel sê mos ons moet die maklike, reguit pad vermy.

My eerste betaalde sessie begin op 'n Vrydag, elfuur die oggend. Die dag het begin soos Kersfees. Ek was bitteropgewonde; het basies al my doelwitte en waardes gememoriseer.

Dadelik begin ons oor my vyfjaar-, tweejaar- en sesmaandedoelwitte praat. Dit was maklik – die goed lê op die punt van my tong en ek *tick* die boksies een na die ander soos 'n hoofseun. Maar toe slaan Eugene my met sy eerste goeie vraag: "Wat is daar nog?" "Huh," dink ek, "wat nog?" Eugene bly doodstil en gee my kans om te dink. Eers dink ek aan niks; dit is asof ek vir Eugene wag om vir my iets te sê, omdat dit lyk of daar nie nog iets is nie, maar nee, hy sê niks nie; hy wag doodeenvoudig dat ek hom antwoord. Kyk, ek het 'n slegte gewoonte om vir ure oor die goed in my kop te praat en gewoonlik is dit nie 'n probleem om daaroor te praat nie, maar nog nooit het iemand vir my gevra wat is daar nog nie. Dit voel soos vyf minute wat verbygaan toe ek besef ek moet maar seker begin dink wat daar nog is wat ek graag binne vyf jaar sal wil bereik. En so begin die ratte in my kopbeen draai. Die kraak- en kreungeluide van geroeste ratte in jou kopbeen klink so: "Uhmmm ..." Ek moes omtrent dink aan goed en baie diep krap, maar op die ou end kry ek dit reg om nog 'n paar doelwitte te noem en soos ek dit noem, skryf Eugene dit op die witbord neer by my ander doelwitte. Van daardie doelwitte het uitge-draai as baie belangriker as dié wat ek vir die sessie voorberei het. Maar dit stop toe nie daar nie. Eugene slaan my toe met die volgende goeie vraag: "Wat is die grootste uitdaging hier?" Weer dink ek: "Huh?" Ek kyk na die bord en dink: "Wat is die grootste uitdaging?" Eers moet ek dink wat beteken die woord "uitdaging" vir my en dan wat die ding is wat my uitdaag. Of mi-skien: wat is die ding wat my keer om my doelwitte te bereik? Ek hoop die heeltyd dat Eugene meer op sy vraag gaan uitbrei, maar nee, dit lyk nie vir my of dit gaan gebeur nie. Hy wag heel geduldig vir my om te antwoord. "Uhmmm," sê ek, "ek is nie mooi seker nie."

"Dis *okay*," sê Eugene, "vat jou tyd." "*Thanks*," dink ek sarkasties. Ek het eerder gehoop hy sal iets soos 'n leidraad gee, maar nee, daar is niks in sy woorde wat ek kan gebruik nie en so kraak en kreun daai ratte maar weer: "Uhmmmmmm ..." Ek dink jy kry die prentjie.

Na die sessie het ons 'n witbord volgeskryf met doelwitte, planne, gedagtes en die belangrikste take wat ek vir die maand wat voorlê, moet verrig. Dit bring my by die volgende ding wat 'n besigheidsafrigter doen.

OM VERANTWOORDELIK GEHOU TE WORD

Die bord is vol geskryf en ek is baie *chuffed* met myself en dankbaar dat Eugene so geduldig was. Op die witbord aan die linkerkant onder in die hoek is daar 'n blokkie met al die take wat ek in die maand wat voorlê, moet doen.

My volgende sessie is oor 'n maand en dan moet ek terugvoer gee oor die take wat ek moes doen in daardie blokkie. Eugene gaan my daarvoor verantwoordelik hou. Ek gaan soos 'n aap voel volgende maand as ek nie daardie take klaargemaak het nie, so die druk is daar. Dit is belangrik om te noem dat die take wat in daardie blokkie lê gewoonlik nie baie belangrik voel oor die kort termyn nie, maar dat dit iets is wat oor tyd momentum bou en die naald in jou doelwit se rigting druk. Dié soort take is gewoonlik die take wat ons een-kant toe skuif as 'n baie belangrike e-pos inkom wat jy nou DADELIK moet antwoord, want anders gaan die wêreld tot stilstand kom. Die voordeel in hierdie geval is dat 'n afrigter jou daaraan herinner dat die belan-grik e-pos nie so belangrik is soos die take in daardie blokkie nie en as jy dit nie gaan doen nie, gaan jy dit volgende maand vir hom moet verduidelik. Okay, dis dalk nou nie regtig so erg soos ek dit laat klink het nie. Eugene gaan nie met 'n sambok vir my wag nie. Dit is meer net die gedagte van "wat gaan ek sê as ek dit nou nie gedoen het nie, hoe gaan ek dit verduidelik". In die meeste gevalle is dit net makliker en doen die take eerder as om in die verleentheid te beland. En so kry 'n afrigter jou om stadig maar seker die regte goed ook te doen en jou op die regte pad te hou.

Spreuke 23:19: "Luister, my seun, soek die regte insig: bly op die regte pad."

Een van my tweejaardoelwitte was om Wes-Kaap toe te trek – George om presies te wees. Daar was baie goed wat in plek moes kom om dit vir my moontlik te maak. Onthou, my besigheid is in Limpopo en ek kan nie daardie besigheid skuif nie, want die mark is ook in Limpopo. Die gedagte van alles wat reg moes wees voordat ek dit kon doen, het soos 'n berg voor my gelê. En ek sou dit in twee jaar moes doen, want dan sou my oudste dogtertjie hoërskool toe gaan en dit sou perfek uitgewerk het. In my afrigtingsessies het ons kort-kort take wat ek moes verrig, in plek gesit, wat ek nooit sou doen in my normale, besige dae nie. Maar die feit dat ek sou moes verduidelik waarom ek nie die belangrikste take op my lys doen nie en eerder verkies om e-posse te sit en antwoord, het gemaak dat ek die George-toe-trek-take een na die ander afgetik het. So het dit gebeur dat ek en my hele gesin vier maande later George toe getrek het en nie, soos beplan, eers na twee jaar nie.

"Vêr van jou goed, na aan jou skade" is nie altyd waar nie.

Die meeste van die take wat ek moes verrig, was gebaseer op my vermoë om my besigheid suksesvol te bestuur van vêr af. Danksy aspekte wat ek en my span by Trophex in plek gesit het sodat ek George toe kon trek, het dit ook 'n positiewe effek op die omset gehad. Glo dit of nie, Trophex se omset het, vandat ek in George is, verdubbel omdat die goed wat ons in plek gesit het op groot skaal ook die bestuurstelsel verbeter het. Ek kon ook uit die besigheid beweeg en meer op die groter prentjie van die besigheid konsentreer en dit uitbrei. Ek besoek die besigheid nog steeds maandeliks, maar ek moet erken dat ek meer in die span se pad is as wat ek van enige hulp is gedurende my besoek. Ek is ook minder produktief wanneer ek daar is. Glo dit of nie, ek beteken meer vir die besigheid as ek vêr weg is waar mense my nie kan pla terwyl ek aan die besigheid werk nie. Kyk, baie moet in plek wees vir enigiemand om sy besigheid van vêr af te bestuur en om daardie goed in plek te kry is nie maklik as jy dit op jou eie probeer doen nie. Ek is 'n lewende bewys dat besigheidsafrigting die oplossing is vir soortgelyke probleme.

Miskien weet jy dit of dalk weet jy dit nie, maar daar word altyd genoem dat jy eerder áán jou besigheid moet werk as wat jy ín jou besigheid werk. Dit is waar, maar dit is nie maklik nie, want werk AAN jou besigheid voel nie belangrik oor die kort termyn nie, terwyl die werk IN jou besigheid gewoonlik baie belangrik voel. Kom ons wees eerlik: aan die einde van die maand moet jy die lone betaal en as daar nie geld is nie, wel, dan is jy in die moeilikheid, nè.

GEBRUIK JOU BREINKRAG

Ek sit nounet en dink ek wil graag ook met jou deel dat dit vir my baie interessant was hoe moeg 'n mens na so 'n afrigtingsessie is. Daarom moet jy altyd probeer om die oggendsessies te bespreek. Ek is nie doodseker daarvan nie; ek deel nou maar net my gedagtes, maar dit wil vir my voorkom asof ons as mense in vandag se tyd te lui is om te dink. Die rede daarvoor is dat om te dink in werklikheid 'n werk op sy eie is. Ons praat baie van "dinkwerk" en ek glo in ons onderbewussyn weet ons, sonder dat ons dit besef, dat om oor iets te dink harde werk is en daarom doen ons dikwels halwe (of eerder patetiese!) werk as dit by dinkwerk kom. Ons gryp die eerste ding wat in ons gedagtes opkom met twee hande vas en skree: "Ek het dit!" Of ons wag vir iemand anders om vir ons te sê wat ons moet doen. Basies wag ons dat iemand ons dinkwerk vir ons doen. Ek het vinnig agtergekom hoe oppervlakkig ek oor goed dink en hoe my brein die heeltyd kortpad vat in hierdie afrigtingsessies. Daarom glo ek dit is kritiek belangrik dat die afrigter jou aanmoedig met goeie vrae om nog meer te krap en te soek vir antwoorde.

In besigheid dink ek dat dit baie belangrik is dat jy as eienaar of bestuurder van jou span jou span aanmoedig om te dink. Ek het opgemerk hoe lank dit vir 'n gewone werknemer vat om te begin dink as ek vir 'n opinie of 'n voorstel vra. Meeste gevalle kry ek die gevoel dat hulle wag dat ek die voorstel op die tafel gaan sit. Ek glo ons word geleer om nie te dink nie. Dink bietjie terug aan skool. Jy voel seker: Hier kom Bertus nou al weer met sy skoolstories. Wel, as jy terugdink, sal jy onthou as Juffrou jou geleer het, het sy gewoonlik so gepraat: "Een plus een is ... twee." Net voor jy die antwoord gee, sê Juffrou die antwoord. Ek het dit in my besigheid ook gedoen. "Johan, hoekom is dit belangrik om die stoor altyd skoon te hou?" Net voor Johan antwoord, sê ek: "Want die kliënt loop hier deur en as dit onnet lyk, gaan hulle ons dienste nie gebruik nie."

Jou brein is 'n spier en hoe minder jy hom oefen, hoe minder gaan hy werk. In hierdie besigheidsafrigting-sessies sal jy vinnig opmerk hoe moeg al die dinkwerk jou maak. Dinkwerk gebruik baie energie, veral as jou brein pap en klein is soos 'n rosyntjie. Hoe meer jy daardie brein van jou oefen om te dink, hoe makliker word dit en hoe beter raak jou besluite. Hoe beter jou besluite raak, hoe groter kan jou besluite raak en so begin jy momentum kry. Kyk so daarna: as jou droom is om die CEO van Apple te wees, dan gaan jy eers baie goed moet wees in baie goed, onder andere jou vermoë om te dink en om groot besluite met gemak en seker-heid te kan neem.

Jy is die kalant met die antwoorde vir jou lewe en in werklikheid kan niemand vir jou beter sê hoe jy moet lewe as jyself nie. Daarom het ek vir Eugene van der Merwe van https://mycoach.co.za/ gevra om die voor-dele en die eienskappe van 'n goeie afrigter in hierdie boek met ons te deel sodat jy die regte afrigter kan kry.

VOORDELE VAN AFRIGTING

(deur Eugene van der Merwe)

Toe Bertus my gevra het om 'n stuk te skryf, was die eerste emosies wat ek ervaar het trots, geëerdheid en opgewondenheid. Dit het nie lank geneem voordat daardie emosies in angs en benoudheid verander het nie. Ek ken soveel wêreldberoemde afrigters; so, wie is ek nou om te kan praat oor afrigting? Dieselfde gesprek vind daagliks plaas met 'n menigte besluite wat ons deur die dag maak, en een van die grootste voordele om 'n afrigter te hê, is om iemand te hê wat jou aanspreeklik hou vir jou taal, die woorde wat jy gebruik en die emosionele toestand waarin jy besluite neem.

Soos ek hierdie stuk skryf, het ek vier ure gelede 'n telefoniese afrigtingsessie met my eie afrigter gehad (ja, besigheidsafrigters moet ook 'n "coach" hê!) en vir haar die bogenoemde penarie verduidelik en eintlik 'n bietjie gekla oor hoe gereeld my vrese en denkwyse my terughou om aksie te neem. Sy het my die volgende vrae gevra:

1. Wat van jou was wenne gewees dié week? Ek dog eers, wat het dít nou met die saak uit te waai, maar sy is 'n goeie afrigter, so ek dink toe vir 'n paar minute en noem 'n paar wenne van die week.

2. Waar voel jy het jy besonder goed presteer dié week? Weereens sien ek nie die relevansie nie, maar ek laat my gedagtes gaan en spandeer so tien minute om te verduidelik waar ek goed presteer het.

3. Wat is die oorliggende positiewe emosie? En wat nog? En wat is nog een? So gaan dit aan vir 'n paar minute terwyl ek my positiewe emosies verduidelik.

4. Laastens vra sy my hoeveel entrepreneurs ek al gehelp het om hulle besighede vorentoe te neem en uit 'n donker gat te kry. Ek vertel haar toe van 'n paar gevalle en kry skoon hoendervleis om te dink hoe trots ek daarop is dat ek sulke merkwaardige kliënte het.

5. Sy eindig die 60-minute-oproep deur vir my terug te noem al my wenne van die week, watter goeie entrepreneur ek is, dat ek 'n uitstekende besigheidsafrigter is en hoe gelukkig ek is om my passie te kan uitleef.

Voor ek dit weet, is ek sommer vuur en vlam besig om gedagtes op papier te sit, *voicenotes* op my foon te maak en my vriende te bel in opgewondenheid.

Die punt wat ek wil maak, is: Waar sou my gedagtes en emosies gewees het sonder daardie gesprek? Veronderstel jy het 10 of 20 of 30 sulke sessies in 'n jaar, wat dink jy sal die impak daarvan op besigheid en die lewe wees? Die kostes van 'n goeie afrigter beloop ongeveer R35 000 per jaar, wat eintlik minimaal is vir die voordeel wat jy kry. Ons het al almal baie meer geld op aardse goed gespandeer wat baie minder voordele bied.

Ek is nou al sewe jaar by my afrigter en ek kan my nie indink om 'n maand te gaan sonder om my afrigter in my span te hê nie. Ek sou sekerlik net so hard gewerk het, maar glad nie dieselfde gemoedsrus, perspektief en denkwyse gehad het sonder my afrigter nie. Bo-op dit sou ek dan nie gereedskap in my sak gehad het om my te help wanneer 'n soortgelyke probleem opdaag sodat ek op iemand anders kan steun nie. 'n Afrigter help jou om die probleme wat jy nou ervaar, self te kan oplos sodat jy in die toekoms groter probleme kan oplos. Hoeveel mense hoor jy elke jaar oor dieselfde goed kla? Hulle leer nie die les nie en verander nie hulle aksies nie, maar verwag ander resultate. Die lewe sal aanhou om jou dieselfde les te gee totdat jy geleer het wat hy jou probeer wys. 'n Afrigter is daar om jou bewus te maak hoekom jy deur die situasie gaan en waar jou denkwyse moet verander om die probleem op te los. 'n Probleem kan nie opgelos word op dieselfde vlak van bewustheid as wat hy vervaardig is nie. Jy moet eers jou denkwyse verander voor die oplossing homself sal toon.

Die wanpersepsie van afrigting is dat 'n afrigter vir jou gaan sê hoe om jou besigheid te doen en watter besluite om te neem. Advies werk nie. Hoeveel keer het jou pêlle jou al om 'n braaivleisvuur advies gegee? Hoeveel keer het jou lewensmaat jou advies gegee? En hoeveel keer het ander besigheidseienaars jou advies gegee? Hoe min het jy daardie advies gevolg of met meer as net 'n halwe oor geluister?

Ek gebruik dikwels hierdie voorbeeld: As ek vir jou sê die beste ding wat jy nou kan doen, is om elke oggend vieruur op te staan en twintig kilometer met jou fiets te gaan ry, sal jy opgee om die kleinste rede, maar as jy dit vir jouself besef, sonder dat ek die raad vir jou gegee het, sal jy sonskyn en reën elke oggend daardie staalperd opsaal. Die rede daarvoor is omdat ander mense se advies vir hulle werk, hulle persoonlikheidsprofiel, omstandighede, sterk en swak punte, kondisionering, ensovoorts. Dit gaan nie vir jou werk nie. Jy moet self deur goeie vrae en insette van jou afrigter besef wat vir jóú sal werk.

Die grootste voordeel om 'n afrigter te hê is om bewustheid te skep. Jy kan nie iets verbeter of verander tensy jy nie weet daar is iets om te verbeter of te verander nie. Omdat hierdie tipe terugvoer as aanvallend opgeneem kan word, kan dit net deur jou afrigter in 'n veilige spasie gedoen word waar alles vertroulik is en waar daar geen oordeel bestaan nie. As dit deur die verkeerde pêl by 'n braai gedoen word, mag hy dalk net met 'n blou oog wegstap. As jy eers bewus is van wat jy wil doen, benodig jy iemand wat jou verantwoordelik kan hou om die take te verrig en die mylpale wat jy vir jouself geskep het, te behaal. Daar is 'n menigte ander voordele, soos iemand wat van buite af jou besigheid raaksien en ander opsies kan bied, iemand vir wie jy

vertroulik kan sê: "Ek lê in die aand wakker van beno-
udheid en my vrou weet dit nie."

Jou gedagtes is soos 'n klomp legkaartstukkies wat
op die tafel lê. Die afrigter se werk is om jou te help
om die regte stukkies by die regte legkaart te sit. As jy
al die stukke het om die legkaart te kan bou, dan help
jou afrigter deur jou intelligente vrae te vra om al die
groen, rooi, blou, ensovoorts, stukkies bymekaar te sit,
en dan kan jy jou legkaart bou met vrede en sekerheid.

Ek gaan na elke sessie toe met 'n kop vol idees,
probleme en onsekerheid en stap weg met gerustheid,
'n plan en kalmte, wat beteken ek kan nou besluite
neem van 'n goeie emosionele plek af in plaas van 'n
negatiewe of gejaagde plek wat net in moeilikheid
gaan eindig.

Veronderstel jy stel die doelwit om hierdie helse
berg voor jou te klim. Sommige dae is dit sonnig en
die wind waai deur jou hare en ander dae peper die
haelkorrels jou, maar deur dik en dun druk jy voort,
elke dag. Sommige dae het jy baie kos en ander tye gaan
jy vyf dae sonder kos, maar selfs in hongerte druk jy
voort. Na tien jaar se swoeg en sweet kan jy die bopunt
van die berg sien en jy is oorweldig van blydskap om
te dink na al die harde werk en opofferings is jy amper
daar. Jy klim vir nog twee dae met jou stukkende knieë
en elmboë, geskeurde klere en verweerde skoene en
maak dit tot bo. Jy staan bo-op die berg en kyk oor die

vallei en al die ander berge wat om jou lê en besef: "Ek het die verkeerde %$#@& berg geklim!"

Die afrigter is nie daar om vir jou te sê watter berg om te klim nie. Hy of sy is daar om jou te help besef watter berg is reg vir jou en jou te help om die kortste roete tot bo te vind. Kry vir jou 'n afrigter wat jou gaan help seker maak jy klim die regte berg.

EIENSKAPPE VAN 'n GOEIE AFRIGTER

(deur Eugene van der Merwe)

Dit is net so belangrik om die regte afrigter te kry as wat dit is om een te hê. Die verkeerde afrigter gaan vir jou sê watter berg om te klim en na tien jaar besef jy dit was nie die berg wat jy wou klim nie. Ek gaan 'n paar minute vat en jou help om die regte afrigter te kies.

Die belangrikste drie eienskappe van 'n goeie besigheidsafrigter is die volgende:

1. Hy of sy moet 'n paar jaar ervaring as besigheidseienaar hê. As ek sê "besigheid" bedoel ek 'n besigheid wat 'n paar miljoen se omset doen, meer as een inkomstestroom het en 'n klompie werknemers.

2. Hy of sy moet minstens 'n eenjaardiploma as besigheidsafrigter hê en minstens twee tot drie jaar se ervaring daarvan. Jy mag vra vir verwysings en ek sal voorstel dat jy dit doen. Baie afrigters

het geen besigheidservaring nie en doen 'n drie-dae-lange aanlyn kursus en dan dink hulle ewe skielik hulle kan vir jou sê hoe om jou besigheid te doen. Jy kan sien dat dit nie gaan werk nie.

3. Hy of sy moet op 'n eindelose tog wees na konstante verbetering en kennis. Jy het lank geneem om jou afrigter te kies en wil nie binne 'n paar maande jou afrigter ontgroei nie. Dit is jou afrigter se plig om hom- of haarself konstant te ontwikkel om seker te maak hy of sy help jou tot die beste van sy of haar vermoë. Ek persoonlik het die laaste sewe jaar net kort van eenmiljoen rand op onkonvensionele opleiding regoor die wêreld spandeer.

Bostaande is vereistes om 'n goeie afrigter te kies. Ek sal 'n paar voorbeelde noem om te beklemtoon hoekom dit so belangrik is.

Een van ons mees basiese instinkte is om onsself te beskerm. Alhoewel ons nie meer in konstante gevaar lewe nie, is ons brein steeds opgestel om gedurigdeur gevaar om ons te soek. Ons reptielbrein of amigdala het geen rasionele funksies nie en is net daar om ons veilig te hou. Jy het sekerlik al gehoor van jou *"fight or flight* responses"*. Een van die moeilikste gedeeltes van afrigting is om jou kliënt te druk en bewus te maak van sy of haar blindekolle sonder om 'n "fight or flight"-reaksie uit te lok. Sodra jou brein aanvoel dat daar moontlik gevaar is, neem dit geen informasie daarna in nie. Van die grootste areas wat jou amigdala aktiveer, is as jy voel een van die volgende word in twyfel getrek: jou status, jou sekerheid, jou outonomie, jou verwantskap en regverdigheid. Hoeveel keer was jy al ontsteld omdat jy voel iemand het jou onregverdig hanteer, byvoorbeeld iemand het op jou geskree, laat gekom vir julle afspraak of jou nie betaal wat jy dink jy werd is nie? Die meeste mense sal hulself regverdig dat hulle so mag voel en dus reg is. Maar dit is verkeerd. Jy moet ondersoek instel hoekom iets soos dit jou laat voel het asof jou veiligheid bedreig is. Waar in jou verlede is die werklikheid geskep?

Kom ons veronderstel jy is weer om daardie vuur saam met al jou vriende en jy noem vir hulle dat jy sukkel met jou besigheid, jy is ongelukkig en jy is nie seker wat die volgende stap is nie. Hulle antwoord: "'n Besigheid is in elk geval nie die plek vir 'n vrou nie; so geen wonder jy sukkel nie. Laat ek jou vertel wat om te doen!" Wat is die kanse dat jy na enigiets gaan luister wat die persoon verder gaan sê?

Nou sit jy egter by jou afrigter en noem dieselfde dinge en jou afrigter vra jou: "Wat maak jou gelukkig?"

Wie anders gaan jou daardie vraag vra sonder die verwagting van 'n antwoord, sonder oordeel en sonder om te luister sodat húlle kan antwoord. Oor die algemeen luister ons net om te antwoord, nie om te luister nie. Verder, na jy dit geantwoord het, wie gaan jou kan

help om daardie uitkomste elke dag in jou lewe te be-
werkstellig?

Die einddoel van die meeste mense se lewe is om
gelukkig te wees, maar amper elke persoon wat ek
afrig, weet nie aan die begin van ons sessie wat hulle
gelukkig maak nie. Vat tien minute en skryf neer wat
dit is wat jou gelukkig maak en hoekom.

Het jy dit neergeskryf of gedink jy sal dit later doen?
Hoe gereeld doen jy iets in jou lewe wat jy uitgestel het
tot later? Watter impak het dit op jou lewe?

As jy dit neergeskryf het, is die volgende vraag:
Hoekom is die meeste van wat jy neergeskryf het iets
wat jy buite jou beheer en in die toekoms plaas? As jy
elke dag vol geluk en vrede in jou besigheid kan werk
en doen wat jou werklik inspireer saam met die mense
wat jy liefhet, het jy dan nie geluk en dus die doel van
die lewe bereik nie?

'n Gawe wat 'n goeie afrigter dus moet hê, is om jou
die regte vrae te vra sonder verwagting, sonder om jou
in 'n rigting te probeer lei en sonder om sy of haar eie
agenda te volg.

As jy noem dat jy nog kliënte wil werf en ek vra
hoe kan jy Facebook gebruik om dit te doen, dan is
dit 'n leidende vraag en jy gaan dink aan Facebook-be-
marking. Hoe weet ek jy het nie dalk 'n vriend wat vir
jou 50 nuwe kliënte kan gee nie? Die regte vraag sal
dus wees: "Hoe kan jy nog kliënte werf?" Dit laat jou
dink; daar is geen aanleiding nie; daar is geen intensie

nie; en ek is oop om in enige van die 50 rigtings te beweeg waarin jou antwoord ons sal lei.

Ons brein neem nooit informasie op soos dit gebeur nie en dus is ons op ons realiteit aangewese om ons veilig te laat voel. Daar is 'n menigte toetse oor dié onderwerp, byvoorbeeld: Vyf mense staan en kyk hoe 'n ongeluk gebeur en al vyf vul na die tyd 'n verslag in van wat gebeur het. Al vyf mense se verslae verskil van mekaar. Hoe is dit moontlik? Net om dit verder te bewys, ek praat van 'n valskermongeluk; van watter tipe ongeluk het jy nounet 'n prentjie in jou kop geteken?

Ons sien wat ons brein wil hê ons moet sien, gebaseer op ons verlede, ons opbrengs, ons kultuur, ons persepsie van reg en verkeerd, ensovoorts. 'n Afrigter sonder die eerste drie vaardighede wat ek aan die begin genoem het, sal nie bewus wees daarvan nie en jou dus nie voldoende afrigting kan bied nie.

DAAR IS DRIE AREAS IN BESIGHEID:

1. Die besigheidsgedeelte, byvoorbeeld strategie, besigheidsdoelwitte, kultuur, ensovoorts.
2. Ander mense, byvoorbeeld jou werkers, besigheidsvennote, lewensmaat en vriende (jy is die gemiddeld van die vyf mense saam met wie jy jou tyd bestee; ek hoop Bertus brei bietjie daaroor uit). Almal van hulle het 'n invloed op jou denkwyse en jou algehele gemoed.

3. Jyself. Wat is jou sterk punte, persoonlikheid, blindekolle, kultuur, doelwitte, drome, ensovoorts?

'n Goeie afrigter moet in al drie hierdie areas kan werk en jou druk sonder om jou reptielbrein te aktiveer. Hy of sy moet jou help sien waar strek jou realiteit tot jou nadeel en jou die toerusting gee om dit te kan verwerk. Selfverbetering is 'n lewenslange rit sonder 'n eindbestemming en dit is van die uiterste belang om 'n afrigter te vind wat hom- of haarself konstant verbeter tot die beswil van die kliënt. Die afrigter moet ook oop wees om iets by jou te leer en 'n nuwe denkwyse te aanvaar. Hoe minder rigied jou persoonlikheid, hoe groter is jou invloed.

Net sodra ons dink ons het die antwoord, kom ons agter ons het eintlik net geleer hoe baie daar nog is om te leer. Om die gawe te hê om konstant te leer en onsself te verbeter is regtig een van die lewe se grootste geskenke; so, geniet dit!

Ter opsomming is hier nog 'n paar eienskappe van 'n goeie afrigter:

1. Kan goed luister.
2. Verduidelik nie sy of haar vrae nie (dit gaan oor jou, nie die afrigter nie).
3. Gee nie advies nie, maar stel alternatiewe voor.
4. Is objektief oor jou en jou besigheid.
5. Plaas nie sy of haar vrese op jou nie.

6. Pas dit wat hy of leer ook in sy of haar eie lewe toe. Informasie sonder toepassing is net vermaak.

7. Hou jou verantwoordelik vir jou doelwitte.

8. Kan jou druk sonder om jou in 'n "fight or flight"-toestand te sit.

9. Is gemaklik in stilte en laat jou toe om te dink.

10. Alles is vertroulik, sonder oordeel.

Ons denke is baie meer kompleks as wat enige persoon ooit sal kan begrip. Dit is nie ons of ons afrigter se werk om ons "reg" te maak nie. Ons het wel die vermoë, gawe en geleentheid om onsself beter te maak as wat ons gister was. Die enigste maatstaf wat gebruik mag word, is wie jy gister was. Elke persoon is op sy of haar eie rit en volg die paadjie wat reg is vir daardie persoon, en so moet jy ook die paadjie wat reg is vir jou, vind en stap. Die nuwe dinge wat jy leer, is nie daar om jou lewe te verander nie; dit is daar om jou die toestemming te gee om te wees wie jy gebore is om te wees. Met die hulp van 'n bevoegde afrigter en iemand om saam met jou die paadjie te stap, is daar net soveel meer genot en vrede in die lewe.

Ek hoop jy vind inspirasie uit Bertus se storie om jou paadjie te vind, en wie weet, miskien kruis ons paadjies ook in die toekoms!

LAASTE GEDAGTE

Jy is 'n yster! Ons almal is. Die liewe Vader het jou nie gemaak om hier op aarde te kom staan en sukkel nie. Dit is die mense in jou samelewing en die slegte en goeie gebeurtenisse in jou lewe wat jou gevorm het tot waar jy nou is. Die oppervlakkige gedagtes in jou kopbeen waartoe jy so maklik toegang kry, is die gedagtes wat vir jou sê jy is nie so goed of goed genoeg nie en jy sal dit nie regkry om jou drome uit te leef nie.

Ek wil dit weer sê: jy is 'n yster. Maar yster wat nie woeker nie, roes. Dalk is jou kopbeen se ratte vandag vasgeroes en het jy jou drome al opgegee en nou lê daardie drome onder in jou kop en is dit net te veel werk vir jou onderbewussyn om dit weer uit te grou en af te stof. Haal jou beursie uit jou gatsak en belê in jouself. Belê in jou kopbeen deur daardie geroeste ratte te olie en weer aan die gang te kry. Alle beleggings is 'n risiko. R3 000 klink dalk soos baie vir nou, maar jy sal nooit weet of 'n afrigter jou kan help as jy dit nie self probeer nie. As dit nie werk nie, wel, dan weet jy en het jy iets geleer en dan is daar 'n lekker skinderstorie vir die res wat dit nooit gaan probeer nie. Maar wat as dit wel werk of miskien net so 'n bietjie en dit jou net 1% in 'n positiewe rigting druk? Hier is 'n goeie vraag vir jou:

Wat beteken dit vir jou om in jouself te belê?

KRY JOU GELD REG

AAN DIE ANDERKANT VAN SKULD

"Praat ek met Gerhardus Albertus Steenkamp?" vra die persoon op die foon, en ek antwoord: "Ja, dit is hy, hoe kan ek help?" "My naam is Thinus. Ford Credit het my opdrag gegee om vandag die Ford Ranger 3.2TDCi by jou te kom haal omdat jy agterstallig is op jou lening." "Jy's nie ernstig nie!" reageer ek terwyl die kalant my verseker dat hy baie ernstig is en sterk op pad is vanaf Alberton.

Die eerste ding wat in my kop inspring, is: Wat gaan die bure dink as hulle sien hier kom 'n persoon van die bank en vat my Ford Ranger? Kyk, twee huise van ons af bly daar 'n tannie; as jy wil hê die hele Ellisras moet iets weet, dan het jy net nodig om dit vir haar te vertel en sy doen die res. As dit by haar uitkom! dink ek. En toe dink ek: Wat van my kinders? Wat gaan hulle dink as Pappa die bakkie verloor? En my werkers? En, en, en.

Nee! Ek kan dit nie toelaat nie! dink ek en sê: "Thinus, moet asseblief nie nou die moeite doen om te ry nie. Laat ek net eers die bank bel en hoor of ek nie 'n reëling kan tref nie." Thinus lag vir my en sê: "Jy kan maar bel. Ek ry solank, want hulle gaan nie 'n reëling aanvaar nie. Die enigste manier hoe jy my gaan stop, is om jou rekening by hulle op datum te kry. Sien jou vanmiddag, my pel!" En so laat Thinus my bloed kook met sy simpel laggie en sit die foon neer.

Ons almal het al iewers in ons lewe hierdie gevoel gehad. Dit laat ons basies met twee keuses: een, gee moed op, of twee, veg met alles wat jy het. Beter bekend as die fight or flight-respons. Die veg-of-vlug-reaksie (ook *hyperarousal* of die akute stresrespons genoem) is 'n fisiologiese reaksie wat plaasvind in reaksie op 'n waarneming van 'n skadelike gebeurtenis, aanval of bedreiging vir oorlewing. Ek kies toe daar en dan die vegopsie en ek gaan die geveg afhandel voordat Thinus die geleentheid kan kry om met sy glimlaggie hier in my erf in te stap. Om die waarheid te sê, ek gaan wag totdat Thinus in Vaalwater trek; dan sal ek die nuus breek en hom terugstuur Alberton toe waar hy hoort.

Eerste stap – bel Ford Credit en gebruik jou beste, en héél beste, onderhandelingstegniek en tref 'n reëling met die bank.

"Hallo, who am I speaking to?" vra ek. "This is Jerry Mabula, how can I help you today, Sir?" antwoord Jerry heel vriendelik. Ek dink: Kom ons kyk eers wat is die skade en werk van daar. En so begin ek met Jerry praat: "Jerry, you sound like a very helpful guy. I am so glad that of all the people working at Ford Credit, I managed to speak to you. This gives me a great sense of relief because I know you will be able to help me with this HUGE problem. Do you think we must first just find out how big the problem is and then we can take it from there? What do you think, Jerry my friend?" Jerry hou by die formaliteite en vra my besonderhede en binne enkele minute sit Jerry die probleem op die tafel: "Sir, it seems like your account is R18 056.90 in arrears and if you don't make a payment this month, you will be R27 130.80 in arrears. Because of this, I see on our system we need to repossess the vehicle." Ek maak of ek van niks weet nie en sê: "Wow, Jerry, I knew the problem was big, but I didn't know it was this big!" Ek wag toe so 'n bietjie en vra: "Jerry, I am currently waiting for a big client to pay me in January. I know it is two months from now but if we can make some kind of arrangement and postpone this balance until then, it would be great. Then I can settle the whole amount and your company will not need to go through all the headaches and expenses to repossess this bakkie. In actual fact, you will save your company thousands by just making an arrangement with me today and I will also send your manager a letter of appreciation, ex-pressing your excellent customer relationship skills in solving my problem. What do you say, Jerry, can we look at possible options?" Nou ja, dis nou nie nodig om die hele storie uit te spel nie, maar Jerry was baie steeks en het die heeltyd gesê hy kan nie regtig iets vir my doen nie. Ek het dit egter doodeenvoudig nie aanvaar nie en so kry ek dit toe reg om die volgende ooreenkoms aanmekaar te slaan: ek moet op daardie dag R9 073.90 betaal; dan elke maand daarna die paai-ement bly betaal tot en met Januarie en dan moet ek die res van die agterstallige bedrag op datum bring.

Victory! Wel, soort van. Ek moes nog die R9 073.90 in die hande kry.

Teen dié tyd ry Thinus seker in Modimolle in en glimlag elke keer as hy aan my dink. So spring ek in my kar en jaag restaurant toe, kry al die kelners bymekaar en kas hul kasregister op. So kry ek ongeveer R7 500 in kontant en hardloop bank toe met die sak vol vyfrande en papiergeld en bank die geld. Daarna jaag ek met die Ford-bakkie terug kantoor toe en spartel om geld op begroting uit Yolanda se kredietkaart te kry. En, dank Vader, ek kry toe darem genoeg geld bymekaar. Ek betaal die geld oor na Ford Credit en e-pos die bewys van betaling na Jerry toe. Ek bel Jerry vinnig en hy bevestig dat hy die betaling gekry het en sê dat alles reg is. Ek kan maar net vir Thinus vra om hom te bel en dan sal hy vir Thinus sê hy moet omdraai. Met 'n glimlag op my gesig bel ek vir Thinus en sê: "Hi, Thinus, waar trek jy?" Vol selfvertroue sê Thinus vir my hy ry nou net in Vaalwater in en gaan gou brandstof ingooi. "Dis 'n baie goeie idee, want jy kan maar sommer daar omdraai en dan het jy genoeg brandstof om weer terug te ry Alberton toe." Terwyl ek dit sê, kry ek lekker tot in my tone en gee vir hom Jerry se nommer om alles te bevestig. Ek sit die foon neer en spring op uit my stoel en skree vir Yolanda: "Kry die Moët; ons moet die oorwinning vier!"

Min het ek geweet dat dit net die begin van my probleme was en dat dit wat voorgelê het, my windgatgeit hard aarde toe sou laat val.

Die volgende Maandag bel my restaurantbestuurder my en sê: "Môre, Bertus, ek weet nie wat hier gebeur het nie, maar die deure van Die Pot is gesluit met 'n slot."

Nou ja, ek het presies geweet waarom die deure van Die Pot-restaurant gesluit was – dit was as gevolg van die huur wat agterstallig was. Ek het net nie gedink dit sou gebeur nie, want ek het oop kaarte met die verhuurder gespeel, maar dit was toe duidelik dat hy gedink het die vlieër gaan nie vlieg nie. Weer het die veg-of-vlug-reaksie in hoogste rat ingeskop en ek het veg gekies.

Onthou jy die groot kliënt wat in Januarie sou betaal? Wel, dit was die ou wat ons Pot-restaurant wou koop. Die verkoop van die restaurant sou al die agterstallige huur en ander skuld dek, so dit was kritiek belangrik dat die transaksie nie misluk nie. 'n Besigheid waarvan die deure met slotte gesluit word, is vir seker nie iets waarvan 'n toekomstige koper wil weet nie. In ons geval was Die Pot winsgewend en die nuwe eienaar sou geld maak as hy die besigheid reg bestuur; die rede vir die agterstallige huur was nie die besigheid nie, maar iets anders, wat ek later gaan verduidelik. Vir nou is dit belangrik om te verstaan dat

die situasie maklik kon uitbeeld dat ons winsgewende
restaurant nié winsgewend was nie.

Dit was darem nog baie vroeg die oggend. Die sen-
trumbestuurder het in die nag ons deure kom sluit. Ek
bel toe my prokureursvriend en hy begin om 'n brief
aan die verhuurder te skryf en die wapen in ons hand is
die woord "spoliasiebevel". Aangesien ons verhuurder
die reg in eie hande geneem het, sal die hof die ver-
huurder beveel (in die vorm van 'n spoliasiebevel) om
die huurder weer in te laat. Inderhaas druk ek 'n paar
papiere met die kennisgewing dat ons tydelik gesluit is
as gevolg van elektriese herstelwerk en binnekort weer
oop sou wees. Dit was om te voorkom dat daar 'n storie
versprei, en glo my, dié soort stories versprei soos 'n
virus in Lephalale. Intussen laat weet die prokureur
my dat as ek dit kan regkry om die slotte te verwyder
sonder om iets te breek, ek dit kan doen. Ons merk
toe op dat die ketting slegs om die handvatsels van
die deur vasgemaak is en dat ek die handvatsels van
binne af kan losmaak sonder om enige skade aan te
rig. Gelukkig het ek die agterdeursleutel en kon ek van
agter af binne-in my restaurant kom en die handvat-
sels losmaak en die deure oopmaak sodat ons kliënte
weer kon kom koffie drink, want "ons het so pas die
elektriese probleem opgelos". Dit was 'n kort verlig-
ting, want die agterstallige huur (dalk moet jy eers
sit!) van R323 845.68 (dit sluit rente in) moes betaal
word en die verkoop van die restaurant was op daardie

oomblik die enigste stukkie hoop. Maar vir eers het ek darem 'n paar weke gehad om asem te skep, of so het ek gedink.

Die Vrydag kry ek weer 'n onaangename oproep; die keer van Hannes. Hy was op pad en moes my Ford Ranger kom haal, want my paaiement was agterstallig. Ek dink "Jerry, jou pes! Jy het vir my gejok!" en so speel dieselfde oefening weer af. Ek moes weer kosbare rande bymekaarskraap, maar ek kry dit darem weer reg dat Hannes omdraai en terugkeer van waar hy kom. Maar toe was die storie nie meer snaaks nie. Om op te spring en die oorwinning te vier het nie eers 'n oomblik in my gedagtes opgekom nie.

Teen dié tyd was ek so immuun teen skuldeisers dat ek die een oortrokke fasiliteit tot die volgende persoonlike lening tot die agterstallige kredietkaart soos 'n gewetenlose jakkals hanteer aangesien ek nie regtig opsies gehad het om dit op te los nie. Al hierdie persoonlike skuld was wat dit vir my moeilik gemaak het om iets so eenvoudig soos huur te betaal. Die enigste bate tot my beskikking was tyd. Die moeilikste van alles was die familie vir wie ek geld geskuld het, maar kom ons los dit daar. Die punt is, ek was so diep in die skuld en so ver agterstallig, dit was 'n hengse verleentheid. Dit is nou vir jou 'n goeie voorbeeld van hoe slegte saamgestelde rente teen jou kan werk en momentum begin vorm.

Die kersie op die koek was toe SARS my skakel en my sewe dae gee om my agterstallig PAYE op datum te kry (ek gaan net eers 'n draai loop en asem skep voor ek die bedrag hier vir jou noem). Ek moes binne sewe dae R209 000.00 se agterstallige PAYE betaal. En met dié slaan die finansiële druk my tot op my knieë.

Wat het gebeur? Hoe in die lewe het ek tot hier gekom? My besighede maak dan baie geld. Dit is wins-gewend. Wel, die antwoord is kortliks: ek kon nie met geld werk nie. As ek suksesvol wou wees, moes ek leer hoe om reg met geld te werk en ek moes begin met die skuldprobleem waarmee ek gesit het.

SKOP SKULD SE GAT

Skuld was in my geval die grootste probleem as dit gekom het by my geldsake. Om die waarheid te sê, ek dink skuld is die grootste probleem in die meeste mense se finansies. Die kans is goed dat dit op hierdie stadium ook jou grootste probleem is. As dit die geval is, dan is hierdie hoofstuk net vir jou. Dalk het jy nog nie skuld nie. Dit is fantasties. Hou dit so! En lees verder om te sien waarom dit belangrik is dat jy dit so hou.

Ons almal wil daardie neseiertjie vir ons oudag bymekaarmaak. Ek wou dit ook graag gedoen het, selfs al sit ek met tonne skuld. Wat in my geval ge-woonlik gebeur het, was dat ek begin het om geld op die kantlyn te spaar, maar voordat dit naby enige vorm van saamgestelde rente uitkom, het ek dit weer nodig om iets te betaal, soos my Ford Ranger se paaiement. So word die laaste sin van Einstein se definisie van saamgestelde rente hier gedemonstreer:

"Compound interest is the eight wonder of the world. He who understands it, earns it; he who doesn't, pays it."

Ek het basies my skuld betaal met die geld wat ek probeer spaar het. Byvoorbeeld, een maand het ek my hele trop njalas wat as 'n belegging op die plaas geloop het, verkoop om die span se lone te betaal. Dit was 'n baie onsmaaklik gevoel, want in 'n enkele maand is my hele kosbare njala-boerdery weg en in my span se beursies.

Terwyl ek een maand met my hande in my hare sit en kyk het na die Ford Ranger, Land Cruiser en Toyota Hilux se state, gaan daar 'n liggie in my kopbeen aan; 'n baie flou liggie, maar dis darem iets. Wanneer laas het jy na jou voertuie se rekeningstate gekyk? Het jy gesien hoe baie rente 'n mens betaal op die goed! Belaglik! G'n wonder 'n mens kom nêrens in die lewe nie! Ek gaan gou vir jou wys hoe het myne gelyk.

Hier is wat gebeur het elke maand as ek my paaie-mente betaal. (Ek maak die rente vetdruk.)

Ford Ranger

Paaiement		R8 882.85
Kapitaal	R5 291.69	
Rente	**R3 591.16**	

Land Cruiser

Paaiement		R7 476.95
Kapitaal	R4 165.17	
Rente	**R3 311.78**	

Toyota Hilux (rooi bakkie)

Paaiement		R2 306.46
Kapitaal	R13 34.14	
Rente	**R972 32**	

Vir die drie bakkies wat ek besit het, moes ek elke maand R18 666.26 beskikbaar gehad het in my rek-ening om al drie se paaiemente te kon betaal. Die grap van die hele som is dat R7 875.26 daarvan vir rente was! Dan praat ons nie eers oor die spoed waarteen die bakkies waarde verloor nie. Soos ek hier sit en tik, kan ek nie glo hoe onnosel ek was nie.

Kom ek probeer om die liggie wat in my kopbeen aangegaan het, te verduidelik. Die bakkies het altesaam ongeveer R990 000.00 se finansiering gekos en daarvoor moes ek R7 875.26 se rente betaal.

Gestel ek het om die een of ander rede daardie tyd dieselfde R990 000.00 in FNB se 32-dae-spaar-rekening gehad. Dan het ek jaarliks 6% rente daarop verdien, wat R4 950.00 per maand is. Met ander woorde, ek was besig om agteruit te boer. Ek betaal elke maand R7 875.26 rente op die bakkies se finan-siering, terwyl ek elke maand maar net R4 950 rente op my spaargeld verdien. Die som sê: "Bertus, jy spaar soos jou gat, want jy word elke maand R2 925.26 armer." Sal dit dan nie beter wees en betaal die bakkies se skuld eerder af met die geld in die spaarrekening nie, selfs al beteken dit jy verdien nou niks rente nie? Vir seker, ja! Nie net gaan jy nie meer geld verloor nie, maar jy gaan ook jou kontantvloei weer versterk met R18 666.26, want jy gaan nie meer die paaiement moet betaal nie.

Nou, ek het nie daardie geld in 'n spaarrekening gehad nie en die meeste mense het ook nie, maar ek het elke nou en dan probeer om 'n bietjie geld te spaar en gedink ek is kaas elke keer as ek dit gedoen het, net om later te besef ek gaan die geld moet onttrek om iets te betaal, soos die bakkies se paaiemente. Ek weet dit klink baie *stupid*, maar om die een of ander rede doen baie mense dit, of dalk is dit maar net ek wat dit so gedoen het; ek sal nie weet nie. Ek besef die dag toe ek so sit en staar na die state dat as ek, in plaas van om te probeer spaar eerder die skuld vinniger afbetaal en die rente spaar, ek eintlik beter sou doen as om die geld te probeer spaar.

As ek die dag gedink het, "Vandag is die dag, Bertus, kom ons draai die skip om, vat die bul by die horings en betaal daai geld in jou spaarrekening in", moet ek erken die geld wat ek probeer spaar het, was eintlik so min dat ek te skaam kry om te sê hoeveel dit was. So, kom ons los dit daar. Die waarheid was, ek sou nie my skuld vinniger kon afbetaal nie, want die gat in die skip wat ek wou omdraai, was net te groot en die emmer waarmee ek die water probeer uitskep het, te klein. Daar was net nie tyd vir my om nou nog die skip te probeer omdraai nie. Vir wie wou ek probeer bluf? Dis toe dat my liggie helder word, amper asof die een *penlight*-battery in my kopbeen beweeg het en 'n beter konneksie gemaak het. Hoekom verkoop ek nie die goed nie? Of, vir 'n begin, verkoop net een, het ek gedink. Ek kyk toe weer na my state en merk op dat my Land Cruiser die meeste rente kos en dat ek die meeste geld sou terugkry as ek hom verkoop omdat 'n Toyota sy waarde nogal goed hou. En so, my vriend, gebeur die grootste en mees dramatiese afskeid in my lewe. Terwyl ek die beesmis op die *fender* afwas, dink ek by myself: Ons paaie sal weer kruis, Land Cruiser, die dag as ek jou kontant kan koop.

Kyk, ek het nog steeds 'n ryding nodig gehad. So, met die geld wat ek vir die verkoop van my Land

Cruiser gekry het, nadat ek die lening afgelos het, plus my bietjie spaargeld, kon ek dit bekostig om 'n twee-dehandse wit Ford Figo te koop. Ek weet wat jy dink, so, moenie my oordeel nie; jy krap dalk net weer 'n ou wond oop. Die positiewe is dat ek nou elke maand R7 476.95 ekstra gehad het wat ek toe gebruik het om my rooi bakkie vinniger af te betaal tot die beste van my vermoë. Vyf maande later was die rooi bakkie af-betaal en toe het ek elke maand R9 783.41 ekstra. En skielik raak dit lekker om met die Figo rond te ry en te waai vir die mense wat in hul duur karre rondry. In die meeste gevalle waai hulle nie terug nie ... dan wonder ek of dit dalk is dat hulle gespanne is oor waar die geld vir daardie kar se paaiement vandaan moet kom.

Dit was ongeveer daardie tyd dat ek na Dave Ramsey se boek The total money makeover geluister het en besef het dat ek op die regte pad is. As jou skuld jou druk, beveel ek regtig aan jy gaan lees of luister na sy boek. Eers was die skuld op die Ford Ranger op my menu, maar na Dave Ramsey se boek het ek besluit: Kom ek maak soos Dave sê en kyk eers hoeveel skuld het ek regtig en maak 'n lys daarvan. So maak ek toe 'n blik wurms oop. Daar is die twee kredietkaarte, drie persoonlike lenings, een besigheidslening, 'n *revolving credit loan,* drie oortrokke fasiliteite en dan, laastens, Yolanda se vier klererekeninge. Ongelooflik! Die goed is soos kokkerotte – as jy jou oë uitvee, is hulle orals. Ek was verstom om te sien hoeveel rekeninge daar is, maar die lysie het 'n baie positiewe effek op 'n mens; dis asof jy nou kan sê: "Ek is in beheer. Kom ons draai die skip om!"

Volgens Dave se boek, begin met die lening waarop jy nog die minste skuld het of die een wat jy die vinnigste kan afbetaal en looi hom. As jy hom afbetaal het, dan kap jy die volgende lening wat jy die vinnigste kan afbetaal, maar dié keer sit jy die paaiement wat jy gewoonlik op die vorige lening sou betaal het by die geld wat jy gebruik om jou lenings pak slae te gee sodat jy daardie lening 'n harder pak slae kan gee met groter paaiemente totdat jy hom ook afbetaal het. Dan doen jy weer dieselfde met die volgende lening.

In my geval het ons begin met daardie klererekeninge van Yolanda van R3 000 tot R5 000 rand. Die gemiddelde paaiemente op hulle was ongeveer R500. Toe ons al vier afbetaal het, het ons 'n ekstra R2 000 per maand wat ons by die R9 783.41 se paaiement wat ons altyd gebruik het om die bakkies te betaal, kon sit. Dit het vir ons 'n totale maandelikse bedrag van R11 783.41 gegee om te gebruik om daardie persoonlik lenings af te betaal. Ek dink jy kry die prentjie.

Soos ek deur die proses beweeg, raak daardie liggie in my kopbeen al hoe helderder, veral toe ek begin kyk na die twee kredietkaartdilemmas. Die kredietkaarte was altwee *maxed out* en ons betaal elke maand net die minimum bedrag in op die kredietkaart en dan gebruik ons weer wat ons daar kan gebruik totdat die kredietkaart weer *maxed out* is. Wat in die lewe is ons besig om hier te doen! het ek by myself gedink. Kan jy vir my sê hoekom is 'n mens so bang om 'n kredietkaart ten volle af te betaal as jy die geld het? Kyk, ek weet almal het nie altyd al die geld nie, maar net vir interessantheid, as 'n mens die geld het, hoekom betaal 'n mens jou geld in 'n spaarrekening in of hoekom los jy dit in jou gewone rekening en laat dit net daar lê vir ingeval jy dit nodig kry, terwyl jou kredietkaart so leeg is soos 'n straatbrak se pens? Hoekom gebruik ons dit nie om die kredietkaart skoon te betaal nie? Wat is die verskil? Hier is wat by ons gebeur het.

Na een jaar besluit ek om die Figo te verkoop en slegs die Ford Ranger en die rooi bakkie te hou. Ek kry toe R70 000.00 vir die Figo en betaal die geld in my persoonlike tjekrekening. Ek sê toe vir my vrou dat ons nie aan daardie geld mag raak nie; dis vir 'n noodgeval. Na twee maande het die kredietkaarte se minimum paaiemente en die *revolving credit*-rekening se paaiement van die R70 000.00 afgegaan en dit het my gepla, want as dit so aangaan, sou die kredietkaarte die Figo se geld alles opeet terwyl ek dit spaar vir 'n noodgeval.

Bertus, jou idioot! het ek kliphard gedink. Die twee kredietkaarte saam is -R65 000.00. Hoekom betaal ek nie eerder die geld van die Figo in die kredietkaarte in nie en dan laat ek dit daar lê vir 'n noodgeval. Dan spaar ek die rente wat ek elke maand op die kredietkaarte betaal. Ek moet bysê dat die rente op 'n kredietkaart baie hoog is. Ek wou myself skop dat ek nie jare gelede daaraan gedink het nie. Dieselfde het gegeld vir die *revolving credit*-rekening. Die rekening werk baie dieselfde: as die rekening afbetaal is, kan ek enige tyd weer daardie geld onttrek as ek dit nodig kry.

Soos ek vandag hier tik, het ons nog steeds daardie twee kredietkaarte. Ek betaal outomaties elke maand die totale bedrag uitstaande op hulle en so baat ek uit die voordele van die kredietkaart. Dit het ek in Ramit Sethi se boek *I will teach you to be rich* geleer, maar dis 'n gesprek op sy eie.

As jou skuld afbetaal is, is jy 'n nuwe mens; die wêreld se druk is van jou skouers af. Daar kan nog baie in jou lewe skeefloop, maar as jy nie skuld het nie, voel dit asof daar nie regtig iets verkeerd kan gaan nie. Dit is die grootste aanwins wat jy vir jouself kan gee en daarom is dit 'n goeie belegging in jouself om te sorg dat jy jou slegte skuld afbetaal. Dieselfde geld vir jou as jy nie skuld het nie – om altyd in jouself te belê deur ten alle tye slegte skuld te VERMY.

Vir my dogtertjies het ek die volgende les: Die lewe is vol begeertes; ons almal wil mooi goed hê en in julle lewe sal julle sien hoe die mense om julle mooi karre ry, mooi klere dra en in groot huise bly. Dis 'n goeie ding, want dit sal julle motiveer om uit te vind hoe julle dit ook kan kry en ek weet julle sal dit op die regte manier regkry deur te wag en te spaar. Onthou net altyd dat die mense wat al hierdie mooi goed verkoop baie slim is en weet dat julle nie altyd die geld het om hierdie duur, mooi goed te koop nie. Hulle weet hoe graag julle dit wil hê en dat dit nie lekker is om langer te wag nie. Daarom maak hulle dit maklik vir 'n mens om geld te leen sodat jy dit vandag kan koop en afbetaal vir 'n baie klein maandelikse bedraggie. Dit klink gewoonlik reg, maar dit is NIE. Om geld te leen vir iets wat vir jou mooi is en lekker lyk, is verkeerd. As jy geld leen, maak jy skuld en skuld het veroorsaak dat Pappa later baie harder moes werk en baie minder tyd saam met julle kon spandeer omdat Pappa gesukkel het om al ons goed te betaal. Pappa wil nie hê dieselfde moet met julle gebeur nie; daarom deel ek vandag met julle die duur les wat ek geleer het met slegte skuld. As jy byvoorbeeld eendag 'n goeie skottelgoedwasser vir jou huis wil koop, want jy het gesien hoe daardie masjien by jou vriendin se huis werk, maar jy het nie genoeg geld nie, gaan die verkoopsman by die winkel vir jou sê: "Het jy geweet jy kan finansiering kry en dan betaal jy net R397 per maand?" Daardie selfde verkoopsman het dit tien teen een vir jou vriendin ook gesê en sy het daarvoor geval, maar jy gaan nie, want jy weet dat skuld, finansiering of geld leen sleg is. Vind uit hoe jy daardie skottelgoedwasser kan koop sonder om geld te leen, al beteken dit jy moet 'n bietjie langer wag.

BESKERM JOU GELD VAN JOUSELF

Op 'n dag sit ek en my finansiële adviseerder, Dewaldt van Rhyn, in ons restaurant en bespreek my lewensversekering. Dewaldt is een van my goeie vriende – redelik ouer as ek, maar as ek vir hom "Oom" gaan sê, sal hy nie baie beïndruk met my wees nie. Dewaldt het al baie lesse geleer wat hy graag met my deel, en so help hy dat ek nie ook in dieselfde slaggate trap nie. Gewoonlik is sy skedule so vol dat ons 'n drie-ure-gesprek aframmel in 30 minute en dié spesifieke dag praat ons oor mense se *blueprint*, soos Dewaldt dit noem. Dit is basies die maniertjies en gewoontes wat ons onbewustelik doen – dinge wat ek en jy by ons ouers aangeleer het en hulle weer by hulle ouers, ensovoorts. Een ding wat in die meeste van ons se *blueprint* ingeprent is, is die manier waarop ons met geld werk en na geld kyk. Is dit nie snaaks hoe die meeste mense (ek was en is in 'n mate nog steeds een van daardie mense waarna ek verwys) van maand tot maand lewe nie? Selfs al kry jy 'n verhoging van R10 000.00, as jy weer jou oë uitvee, lewe jy na 'n kort rukkie weer van maand tot maand en die finansiële gevoel wat jy ervaar, is presies dieselfde as voordat jy die verhoging gekry het. Volgens Dewaldt het dit te doen met ons geld-*blueprint* en in sy fantastiese boek, *If you are so damn smart, why aren't you rich*, skryf hy baie daaroor. Sodra ons meer kry, lig ons, sonder om daaraan te dink, ons lewenstandaard na 'n volgende vlak. Byvoorbeeld, sodra jy 'n R10 000-verhoging kry, besluit jy om jou mediese pakket te hersien. Jy ry dalk 'n Toyota Rav 4 en besluit jy kan nou 'n Toyota Fortuner bekostig. Jy finansier dit en verkoop die Rav 4. Jy is reg as jy argumenteer dat dit tog bewustelik is en dis seker waar; die onbewustelike goed is wanneer jy by Pick 'n Pay instap en die Ricoffy-blik misvat en jou vingers om die Nescafe Gold-bottel vou of jy vat, in plaas van twee, eerder drie bottels melk, want dan hoef jy nie so gou weer terug te kom nie. As daar egter drie bottels melk in die yskas staan, drink 'n mens meer melk, want daar is meer. As jy dan weer Pick 'n Pay toe gaan, koop jy weer drie bottels melk, want dis hoeveel melk ons huisgesin drink in 'n sekere tyd. So word jou R5 000 se kruidenierswarerekening 'n R7 000-rekening sonder dat jy dit agterkom.

In my taksidermie, byvoorbeeld, het ek iets baie interessant opgemerk met 'n tipe chemikalie wat ons gebruik. Ek gaan jou nie verveel met die wetenskaplike naam nie; die maklike naam daarvoor is *foam*. Ons meng die swart en die wit *foam* met mekaar om basisse te bou en om die vorms te gooi wat ons dan gebruik om die vel oor te trek. Ons almal sê altyd 'n mens moet *bulk* koop; dan spaar jy baie geld. Regtig? Wel, dit is waar as jy kyk na die transaksie om iets in groot maat te koop, maar dit is duurder, want omdat daar baie in die stoor is, gebruik jy dit roekeloos. Met die *foam*, byvoorbeeld, as ek dit in groot maat aankoop, het ek opgemerk hoe my span meer, en partykeer te veel, ingooi in die vorms en dan mors dit op die vloer. En as hulle dit byvoorbeeld gebruik om 'n habitatbasis vir 'n vol gemonteerde njala te bou, dan bou hulle on-bewustelik 'n onnodige groot basis terwyl hulle ook die oortollige *foam* wat in die bakke agterbly (wat eintlik later weer gebruik kan word) weggooi. Op 'n dag het my verskaffers nie genoeg voorraad nie en verras ek my span met net een 25-liter-drom wit en een 25-li-ter-drom swart *foam* en sê ons moet maar kyk wat ons daarmee kan uitrig, want ek kan nie nou nog kry nie. So gebeur dit dat hulle minder mors en baie spaarsamig werk met wat hulle het en nie die *foam* wat oorbly, weggooi nie, en dít sonder dat ek hulle moet herinner of my stem moet dik maak. Die 25-liter-drommetjie het verbasend lank gehou en 'n vinnige som het bewys dat dit goedkoper uitwerk omdat die span spaarsamig met die *foam* werk. Tot vandag toe bestel ons net wat ons nodig het en ons koop onder geen omstandighede *foam* in groot maat nie, selfs al is daar 'n fantastiese spesiale aanbieding.

Toe ek my laaste stukkie skuld afbetaal het, het ek dadelik begin dink wat ek volgende moet doen.

NB! Dit is nádat ek my skuld afbetaal het!

Dis toe dat Dewaldt my herinner dat die meeste van ons, danksy ons geld-*blueprint*, altyd van maand tot maand gaan lewe. Daarom kan jy hierdie raad volg:

Pay yourself first. Ek het dit in die baie goeie boek *The richest man in Babylon* deur Grover Gardner geleer. Wat dit beteken, is dat jy basies sodra jy geld kry, jouself eerste moet betaal (dit beteken jou spaargeld). Om 10% van die bedrag wat jy betaal word, weg te sit, is 'n goeie wegspring. Kom ek verduidelik.

Ek wil net vinnig iets duidelik maak: Ek is nie gekwalifiseer om enige finansiële advies vir enigiemand te gee nie. Dis seker duidelik – as jy die hoofstuk mooi gelees het, sal jy weet dat ek deur 'n ernstige finansiële verknorsing is, maar dat ek nog skop en vandag finansieel sterker is as ooit en elke dag nog sterker groei. Ek deel eenvoudig die proses wat my tot hier gebring het, maar daar is baie vleis rondom die onderwerp; daarom stel ek voor jy soek die regte persoon vir advies en lees boeke soos die volgende:

- *The richest man in Babylon* deur Grover Gardner
- *I will teach you to be rich* deur Ramit Sethi
- *The total money makeover* deur Dave Ramsey
- *If you are so damn smart, why aren't you rich* deur Dewaldt van Rhyn

Goed, dit nou gesê, hoe ek dit gedoen het, was seker nie 100% reg nie, as jy nou mooi kyk na die opbrengs wat ek verdien en die manier hoe ek die geld belê het, ensovoorts. Daardie tyd het ek meer gekonsentreer op hoe in die lewe ek die *blueprint*-storie pak slae gaan gee. Ek moes basies my geld teen myself beskerm en dit was die eerste en belangrikste ding om te doen.

Ek dink ons is fantastiese skepsels. Ons kan oorleef met dit wat ons het. As dit te min is, wel, dan maak ons 'n plan. Soms is dit nie lekker nie, maar dit beteken nie ons gaan die emmer skop nie. Soos ek hier skryf, is daar mense in Suid-Afrika wat hul hele lewe op die minimumloon oorleef het en dan is die kans nog dat hulle ouer as ek en jy gaan word. Die ding wat vir ons moeilik is, is om die goed wat ons het en wat ons gebruik om te oorleef, minder te maak, selfs al weet ons dat ons dit nie regtig nodig het nie. Ek het dit ervaar toe ek by FNB 'n 32-dae-spaarrekening oopgemaak het en besluit het om my eerste 10%-spaargeld daarin te betaal. Die 32-dae-rekening se reël is dat jy jou geld kan onttrek sonder om 'n boete te betaal deur 32 dae kennis te gee. Die weerstand teen die idee het sommer vroeg begin met die oopmaak van die rekening. Ek het dit dag vir dag uitgestel; elke keer as ek die oggend opstaan om die rekening te gaan oopmaak, het my kopbeen begin met sy stront: "Bertus, wat is jou storie? Jy moet jou hare vandag gaan sny, die lêers regpak en jou lessenaar netjies maak. Kyk hoe lyk jou kantoor! Daar is nie nou tyd om 'n 32-dae-spaarrekening te gaan oopmaak nie. Môre is daar baaaaie tyd!" En so kom môre met dieselfde storie. Selfs toe ek met 'n wonderwerk uiteindelik die rekening oopgemaak het en die eerste geld daarin wou betaal, was dit weer dieselfde

storie, of miskien 'n bietjie anders. Eers smeer my kop-
been botter om my lippe met wat ek eerder alles met
die geld kan doen, maar toe hy sien dit gaan nie werk
nie, toe slaan hy my met die vrees: Wat gaan ek doen
as ek die geld weer nodig kry soos in die verlede? Dis
belaglik, die hoeveelheid weerstand wat 'n mens kry as
jy die regte ding wil doen en dit nie in lyn is met jou
blueprint nie.

Dis die *blueprint* waarvan Dewaldt gepraat het,
dink ek by myself terwyl my vinger oor die En-
ter-knoppie hang wat ek moet druk om die geld oor
te plaas en ek myself net nie sover kan kry om die
pes te druk nie. Ek gaan dit nie elke maand kan doen
nie, daar moet 'n ander manier wees, dink ek terwyl
ek die oorplasing kanselleer. Die volgende oomblik
dink ek aan Ramit Sethi se boek *I will teach you to
be rich*, waar hy voorstel jy outomatiseer jou finansies.
Ek besluit toe dis 'n beter opsie. Op *online banking*
kan jy maandelikse oorplasings tussen jou rekeninge
skeduleer en ek stel toe 'n maandeliks oorplasing
op wat elke maand op die 25ste 10% van die salaris
wat ek vir myself uit Trophex betaal, oorskuif na die
32-dae-spaarrekening. Dit gebeur in die nag as ek
slaap en dit sal help dat ek daarvan vergeet en soos 'n
dief in die nag my *blueprint* 'n helse pak slae gee. Nou
moet ek net die Enter-knoppie druk en soos ek verwag
het, begin my kopbeen met sy stront, net baie erger
en meer aggressief; om die waarheid te sê, ek dink my

kopbeen het op my geskree en gevloek! Maar ek byt my tong in my kies, knyp my oë toe en druk die verdomde knoppie. Soos ek my oë oopmaak, is my kopbeen ewe skielik tjoepstil. Dis 'n doodskoot, het ek met 'n glimlag gedink en ek was skoon verlig dat die storie gedoen en afgehandel is.

Wat het gebeur? Wel, om die waarheid te sê, as 'n familie het ons dit nie eers gevoel nie. Dieselfde dag-tot-dag-roetine het maar net soos altyd voortgegaan en aan die einde van die maand was die rekening weer leeg soos altyd en die hele familie het weer vir *payday* gewag. Al verskil was, ons het iets gespaar. Ek kon nie glo dat dit so moeilik was om dit te doen nie.

Die maand daarna het ek begin om dit in my besigheid te implementeer deur vir die besigheid ook 'n 32-dae-spaarrekening oop te maak. Die bedrag wat ek moes oorbetaal, was bietjie moeilik om te betaal, maar vir 'n begin het ek na die gemiddelde maandelikse inkomste oor die laaste twaalf maande gekyk en daarvolgens die 10%-bedrag uitgewerk wat elke maand in die 32-dae-spaarrekening inbetaal moes word. My kopbeen begin toe weer met dieselfde storie, maar dié keer was ek baie sterker. Ek het die Enter-knoppie gedruk sodat die skoot kan klap om hom stil te maak en die bal aan die rol te sit. Dieselfde het hier gebeur – die besigheid het die 10%-verlies nie eers gevoel nie. Ons het aanbeweeg met ons dag-tot-dag-aankope, met geen weerstand nie. Wow! het ek gedink.

As jy 'n besigheidseienaar is, sal jy weet dat 'n gedeelte van jou besigheid se inkomste nie jou geld is nie, soos die 15% BTW op jou fakture wat jy aan die regering moet oorbetaal, die PAYE en dalk kommissie wat jy aan verwysings oorbetaal. Soos ek vandag hier sit, het ek vir al my besighede ten minste drie sulke 32-dae-spaarrekeninge oopgemaak om die geld wat nie die besigheid s'n is nie, te spaar of weg te bêre sodat ons geld-*blueprint* nie sy kop verloor en dit spandeer nie. Kom ons kyk na ons taksidermie as 'n voorbeeld. Daar het ons vier 32-dae-spaarrekeninge, soos volg:

1. Spaarrekening vir SARS (5.5% van ons gemiddelde maandelikse omset): My boekhouer het uitgewerk min of meer hoeveel ons inkomstebelasting jaarliks is en so kon ek uitwerk hoeveel persent van ons gemiddelde maandelikse omset ons maandeliks moet spaar om dit aan die einde van die jaar te kan betaal.

2. Spaarrekening vir kommissie (10% van ons gemiddelde maandelikse omset): Ons betaal 10% kommissie uit aan besighede wat kliënte na ons taksidermie verwys en daarom spaar ons 10% van ons gemiddelde maandelikse omset.

3. Spaarrekening vir bonusse (3.5% van my gemiddelde maandelikse omset): Ek kyk na die koste van die totale maandelikse lone, deel dit deur twaalf maande en werk dan uit hoeveel persent dit van die gemiddelde maandelikse omset is. In

ons geval is dit 3.5%; daarom spaar ons dit vir die Desembervakansie se bonus.

4. Spaarrekening vir noodgevalle of verbeteringe (6% van ons gemiddelde maandelikse omset): Ons wil drie maande kan oorleef as 'n krisis soos die coronavirus ons slaan, en as ons meer geld het, wil ons dit terugdruk in die besigheid en groei. Hier het ek gedink, kom ons rond al die spaargeld af tot 25% van ons gemiddelde maandelikse omset deur slegs 6% daarvan hiervoor te spaar totdat ons genoeg geld het om in 'n krisis vir drie maande te kan oorleef en daarna kan ons hierdie geld gebruik vir verbeteringe.

Nou ja, ek weet, ek weet ... daar is baie mense wat my gaan kritiseer. My boekhouer, byvoorbeeld, het gesê dis te veel rekeninge; ek hoef eintlik net een so 'n spaarrekening te hê, dan kan ons die geld opdeel in die boeke. En ek weet die 32-dae-spaarrekening lewer maar net 6% rente en dis amper dieselfde as inflasie. Al hierdie goed en wat ook al nog is belangrik; ek gaan nie stry nie. Maar vir nou werk dit vir my en dit het gehelp dat ek 'n nuwe *blueprint* ontwikkel en dat ek vandag op 'n ander vlak ontwikkel soos die tyd aanbeweeg. Dit wat ek gedoen het, gaan dalk nie so lekker vir jou werk soos wat dit vir my gewerk het nie. Die grootste punt hier is dat jy jou geld op 'n manier teen jouself moet beskerm. Moenie toelaat dat jou kopbeen jou hart vinniger laat klop as die nuwe Toyota-bakkie uitkom nie en dan sê jy vir jouself: "Jy het mos daai verhoging laas maand gekry. Jy sal die bakkie se paaiemente maklik kan bekostig." Volgens my ervaring help outomatiese oorplasings na 'n 32-dae-spaarrekening die beste in die begin, totdat jy daaraan gewoond is. Dit bring my by die volgende onderwerp. Om meer te verdien, moet jy eers bewys jy kan meer hanteer.

OM MEER TE KRY, MOET JY BEWYS JY KAN DIT HANTEER

Ek kan dit nie glo nie; ek is tien jaar oud en my pa laat my toe om sy kort Remington 223-jaggeweer vas te hou agterop die bakkie terwyl ons langs die Limpoporivier afry en soek na die blouape wat die sondebokke is wat so baie skade aanrig. Dis werklik 'n groot oomblik vir my, want vir die laaste paar jaar mag ek net met die windbuks rondgeloop en duiwe geskiet het. Die oomblik is so groot dat ek kort-kort die geweer optel, in my skouer druk, weer laat sak en met die veiligheidsmeganisme speel ... totdat die skoot ewe skielik klap. "Bertus, wat doen jy!" skree my pa. Ek skrik so groot dat ek die geweer op sy kolf laat val. Gelukkig is my pa vinnig genoeg om die geweer te vang voor hy op die teleskoop val.

Ek was bevoorreg om in Steenbokpan Laerskool skool te gaan tot einde standerd 3 toe die regering die skool toegemaak het omdat daar te min kinders in die skool was. Ek is nie doodseker nie, maar ek dink ons was 49 kinders in die skool op daardie stadium. Dit was 'n regte ou plaasskooltjie. Eendag vertel een van my klasmaats vir die onderwyser hoe hy 'n koedoebul geskiet het en ek dink: Ek wil ook 'n koedoe skiet. As hy een kan skiet, kan ek ook. My oupa het mos 'n plaas.

Na skool trek ek aan my pa se mou en vra: "Kan ons 'n koedoe gaan skiet?" My pa kyk met 'n frons op sy voorkop na my en trek sy mond een kant toe soos hy dink wat om te sê. "Nee, nie vandag nie. Ek sal kyk wat ek kan doen." *Great*, dink ek, dit beteken ons gaan môre een skiet, of dalk later die week. Die volgende dag toe ek van die skool af by die huis kom, hardloop ek na my pa toe, want die klasmaat het weer die hele dag gebrag oor sy verdomde koedoe. My pa sê toe dat ek saam met hom moet stap geweerkluis toe. Ek wil skree van opgewondenheid toe my pa die kluis oopsluit, maar toe druk hy 'n windbuks in my hande en begin vir my wys hoe die windbuks werk, hoe om daarmee te korrel en wat ek moet doen om veilig te wees met die geweer. Ek kry 'n geleentheid om vir my pa te wys hoe om die windbuks te laai en vas te hou. Ek belowe dat ek altyd die loop grond toe of in die wolke in sal rig en nooit, maar nooit, die loop in iemand se rigting sal wys nie. Toe my pa tevrede is, gee hy vir my 'n pakkie patrone en sê: "Nou ja toe, bring vir my 'n duif. As jy 'n koedoe wil skiet, moet jy bietjie oefen, ou bul."

Dit het 'n paar dae gevat voordat ek my eerste duif raakgeskiet het. Soos by die meeste seuns het die jaginstink nou wakker geword, maar die duiwe op Doornlaagte ook slimmer. Met die tyd het die duiwe wye draaie om die klein Steenkampie met die stok in sy hande gevlieg en vir lank kon ek nie naby genoeg kom om weer een te skiet nie. Dis toe dat ek 'n kiewiet in die gras langs die stoor gewaar en besluit: Wel, hy is naby en niemand gaan weet nie; ek kan hom maar net sowel probeer skiet en so korrel ek op die kiewiet en trek die sneller. Die pellet tref hom op die vlerk en die kiewiet begin sukkelend vlieg en dan val hy en begin hardloop terwyl hy sy vlerk sleep en probeer dan weer vlieg, met my agterna tot in die voerkraal waar my pa besig is om na sy Beefmasterbulle te kyk en ek agter die stoor gaan wegkruip. "Bertus! Bertuuus!" skree my pa toe hy die kiewiet sien. Eish, daar gebeur dit toe – ek kry 'n pak slae en ek verloor die windbuks vir 'n maand.

Met die tyd het ek vir my pa bewys hoe verantwoordelik ek met die windbuks is en so het sy vertroue in my begin opbou, soveel so dat hy my uiteindelik vertrou het om sy Remington 223 agterop die bakkie vas te hou terwyl ons blouape soek en ek toe met my getorring per ongeluk 'n skoot aftrek. Dank Vader niemand het seergekry nie. Ek het maar net baie *stupid* gevoel,

want dit kon baie erger gewees het en dit was 'n ver-
leentheid. Om die waarheid te sê, ek het soos 'n aap
gevoel aangesien ons na hulle gesoek het. Ek verloor
toe die voorreg om die geweer vas te hou totdat ek op
een of ander manier kon bewys dat ek verantwoordelik
genoeg is om 'n groter kaliber te hanteer. Die enigste
manier om dit te doen, was om te gebruik wat ek gehad
het, en in my geval was dit die windbuks.

Vandag sit ek en dink: Alles in die lewe werk so.
Jy moet eers bewys dat jy iets kan hanteer voordat jy
dit kan kry. En sou daar 'n wonderwerk gebeur en jy
kry die geleentheid om iets te kry, maar jy het nog nie
bewys dat jy dit kan hanteer nie, wel, dan verloor jy dit
vinnig, soms voordat jy nog regtig die kans gekry het
om dit te geniet. Dink bietjie daaroor na. Kom ek geb-
ruik weer my taksidermie as 'n voorbeeld. In 2008 kry
ons ongeveer 600 trofees om te verwerk en alles loop
mooi – min probleme en baie gelukkige kliënte. Dit
veroorsaak dat *word of mouth* die ronde doen, plus
ek gaan draai die kraan van die bemarkingsveldtog
groter oop. Dit help toe dat ons in 2009 amper dubbel
daardie hoeveelheid werk, rondom 1 000 trofees,
inkry.

Dis toe dat die *sports* begin gebeur. In die eerste
plek was ek omtrent nooit by die taksidermie nie, want
ek moes konstant gedurende die jagseisoen kliënte
gaan sien en trofees oplaai. Ons span was ook te klein;
so, toe stel ons meer werkers aan, met min ervaring,

plus ek is nie daar om te kyk dat hulle die werk reg doen nie. Hulle het byvoorbeeld van die skedels te lank gekook in die skoonmaakproses tot op 'n punt dat die hele skedel disintegreer. Ons het ook nie genoeg plek gehad om alles te stoor wat ek ingebring het nie en so het ons 'n patetiese tydelike plan gemaak om die trofees buite te stoor. (O ja, ek onthou nou, in daardie tyd het een van my pa se honde van die trofees weggedra en iewers gaan kou.) Ek het ook nie 'n ontvangsdame gehad nie; so die kommunikasie met die kliënte was nie so goed nie, ensovoorts. Met 600 trofees kon ons alles maklik bestuur, maar die ekstra 400 trofees het veroorsaak dat die appelkar omval en ek met baie ongelukkige kliënte gesit het. Dit veroorsaak toe dat ek baie kliënte verloor en in 2010 het ek, ten spyte van 'n goeie bemarkingsveldtog, weer teruggeval na die hoeveelheid wat ek kon hanteer, maar my reputasie het reeds skade gely.

Al ooit gehoor van iemand wat die lotto gewen het en tien jaar daarna nog steeds 'n groot sukses was? Ek nie, en ek volg baie suksesstories. Sou daar wel so 'n persoon wees, sal dit 'n baie rare geval wees. Op www.businessinsider.com is daar 'n goeie *blog post* oor twintig lottowenners wat almal hul lottowengeld verloor het binne ongeveer vyf jaar. Kan dit wees dat hulle nie geweet het hoe om met geld te werk nie? Ek dink mense wat weet hoe om met geld te werk, koop as 'n reël nie lottokaartjies nie, want hul vermoë om met geld te kan werk is die geheime bestanddeel wat geld aantrek en veroorsaak dat hulle al klaar finansieel gesond is en finansieel vinnig groei.

In 2011 het ons in die taksidermie begin kyk na wat ons in plek moet kry om 1 000 trofees te kan hanteer. Ons vergroot toe die stoor waar ons die trofees ontvang, stel 'n uitstekende taksidermis aan wat optree as 'n produksiebestuurder, kyk na die skoonmaak van die skedels om te voorkom dat die skedels beskadig word en dat ons gerieflik tien skedels per dag kan skoonmaak, wat beteken ons sou meer as 2 000 skedels per jaar kon hanteer. Dis nie nodig om al die detail te verduidelik nie; op die einde van die dag het ons 'n stelsel in plek wat baie gerieflik meer as 'n duisend trofees kan hanteer. Maak nie saak of daar een of selfs honderd op een slag ingedien word nie, die stelsel skuif en verwerk enige getal en alles het 'n plek. So bewys Trophex Taxidermy dat hy meer as 'n duisend trofees kan hanteer, en in 2011 ontvang ons meer as 'n duisend trofees en hou ons al die kliënte gelukkig.

Om finansieel gesond te wees is 'n groot aanwins vir jou as persoon. Die storie van "geld kan nie geluk koop nie" is onwaar. Toe ek toegegooi was onder die skuld en gesukkel het om al my rekeninge te betaal, was ek nie gelukkig nie; ek was depressief. Eers toe ek begin bewys het dat ek weet hoe om met geld te werk, het geluk vir my soos die son op die horison begin opkom.

Ek sê geld koop geluk, vryheid en vrede, maar slegs as jy kan bewys jy weet hoe om daarmee te werk.

Ek moet bysê dat ek nog steeds foute maak en dan kry ek maar weer pak slae. Ek voel egter dit is belangrik dat ek en jy weet hoekom dit gebeur en dan 'n plan maak om weer op die treinspore te kom en soos die stoomtrein te bly kole gee en aanhou help om momentum te bou met saamgestelde rente.

My doel is net om jou bewus te maak dat as jy meer van iets wil hê, soos geld, moet jy eers bewys dat jy meer kan hanteer. Finansiële advies is nie my ding nie, maar hier is 'n paar goed waarna jy kan kyk en wat jy kan oorweeg om te bewys jy kan meer geld hanteer:

1. Hou boek van jou inkomste en uitgawes sodat jy presies weet waarheen jou persoonlike geld en jou besigheid se geld gaan. Daar is 'n Engelse gesegde wat sê: "What gets measured, will get managed." Jy moet jou syfers op die punte van jou vingers ken. As ek jou môre vra hoeveel jy op kruideniersware spandeer, moet jy, sonder om te dink, kan sê: "Min of meer R7 500 per maand."

2. Leer om 'n begroting op te stel, met al jou finansiële doelwitte, en doen jou bes om daarby te hou.

3. Moet nooit slegte skuld opneem nie en as jy reeds het, betaal dit so vinnig as moontlik af.

4. Beskerm jou geld teen jouself deur outomatiese oorplasings op te stel wat persentasies van jou

geld wat jy wil spaar of belê en geld wat nie joune is nie, wegsit terwyl jy slaap in rekeninge waartoe jy nie onmiddellike toegang het nie. Betaal ook outomaties al jou rekeninge sodat die geld wat jy die oggend na betaaldag in jou rekening het, die geld is wat jy kan blaas as jy graag wil, met die wete dat alles reeds betaal is en jy ook reeds geld gespaar het.

5. Koop eerder bates as laste. Sien, 'n bate, soos Robert Kiyosaki my geleer het, is iets wat maandeliks geld in jou sak sit en 'n las is iets wat maandeliks geld uit jou sak haal. (Ons is grootgemaak met die idee dat jou huis 'n goeie bate is, maar dink weer: selfs al het jy die huis afbetaal, gaan hy jou steeds maandeliks geld kos aan erfbelasting, elektrisiteit, herstelwerk, versekering, ensovoorts; daarom sien ek nie 'n huis as 'n bate nie, maar eerder 'n las. Dis 'n warm onderwerp vir 'n ander dag, maar dink aan jou *blueprint*. Is dit nie dalk waar jy die idee geleer het nie? Gaan doen dan self ondersoek daarna.)

Soos ek sê, ek is nie 'n finansiële ekspert nie en die punte hierbo is maar net 'n eenvoudig oorsig van hoe ek uit my dilemma gekom het. Maar laaste en die heel belangrikste: Die beste manier om te bewys dat jy eendag meer geld sal kan hanteer, is om vandag te begin om in jouself te belê en te leer hoe om dit te doen. Hier is weer 'n paar boeke om mee te begin:

1. *The richest man in Babylon* deur Grover Gardner
2. *The simple path to wealth* deur J.L. Collins
3. *I will teach you to be rich* deur Ramit Sethi
4. *The total money makeover* deur Dave Ramsey
5. *If you are so damn smart, why aren't you rich* deur Dewaldt van Rhyn

My vriend, dis nie lekker om geld te spaar om daardie bakkie te koop nie. Ek weet dis moeilik om die persoon te wees wat nee sê vir die finansiering wat jy weet jy maklik kan bekostig, maar nie gaan gebruik nie terwyl almal om jou dit doen en lekker rondrits in die bank se bakkies. Maar glo my, dis baie slegter en baie moeiliker die oomblik as die nuwe-bakkie-gevoel iets van die verlede is en jy moet rondhardloop soos 'n afkophoender om steeds die paaiement te betaal wat daardie nuwe-bakkie-gevoel gefinansier het. Kry jou kop reg en wees die persoon wat saamgestelde rente verstaan en verdien, nie die arme siel wat dit nie verstaan nie en met sy blink bakkie daarvoor betaal nie.

Ons almal begin met 'n windbuks. Sommiges werk roekeloos met die ding en hou aan om die maklike voëls, soos kiewiete, te skiet, terwyl ander slim en veilig met die windbuks werk, die windbuks respekteer en leer om mooi te korrel sodat hulle die slim duiwe, wat ver sit, kan raakskiet en kan bewys hulle is reg vir soveel meer en beter. Dan kom die dag wat hulle vroeg die oggend in die pragtige bosveld stap met 'n 30-06 oor die skouers, op soek na daardie koedoebul. Hoe jy die windbuks gebruik, is jou keuse.

WEN JOU OGGENDE

GRAAD EEN PADDABEEN

14 Januarie 2012, sesuur die oggend, druk ek die *snooze*-knoppie mis en sit die alarm per ongeluk heeltemal af. 'n Halfuur later skrik ek wakker, spring op en besef ons gaan laat wees. "Opstaaaaan!" skree ek soos 'n korporaal en hardloop benoud deur die huis en sit al die ligte aan. Ek is benoud, want ek weet niemand in die huis weet hoe om so vroeg op te staan nie. "Mandie, opstaan, opstaan, ons is laat! Pappa het verslaap!" sê ek, maar dit val op die dowe ore van een van Suid-Afrika se splinternuwe graad 1-dogtertjies wat soos 'n lyk in 'n lykshuis op haar bed lê en slaap. Ek beweeg toe oor na plan B en tel haar op; sy hang in my arms met haar bene wat nie wil begin werk nie en haar voete sleep op die vloer tussen my bene soos ek haar wydsbeen badkamer toe sleep vir plan C waar ek die koue kraan oopdraai en haar gesig sopnat gooi. Plan C het duidelik gewerk – eintlik te goed, want toe die slapende skepseltjie wakker word en besef wat het nou gebeur, was sy nie baie beïndruk met my nie en haar mondjie het oopgegaan en begin skree sonder om weer toe te gaan. Ek het gevoel dat die reaksie baie mooi werk en dat ek dit kan gebruik om gou haar tande te borsel aangesien die mondjie so groot oop bly. Terwyl ek met Mandie se tande spook, hoor ek hoe Yolanda rondkrap in die klerekas. Dit klink aansienlik anders as gewoonlik; ek kan hoor hoe die hangers oor

en oor teen mekaar geslaan word soos sy iets soek om aan te trek.

Dis Mandie se eerste skooldag en die Steenkamps het verslaap. Ons het nog op die plaas gebly en die horlosie het al 6:36 geflikker. Mandie moes met haar haasbekkie en twee poniesterte met rooi linte vasgemaak 7:15 op die laatste deur die skoolhek stap. Enigiets later sou beteken dat ons deur die skool se ontvangs verby die personeelkamer moes stap en moontlik moes verduidelik wat gebeur het, en dit kon Yolanda nie verwerk nie.

As jy die dag goed ry, kan jy binne 30 minute tot in Lephalale ry, maar dan moet alles glad verloop op die pad, en onthou, as jy in Lephalale is, is jy nog nie by die skool nie. 6:47 spring ons in die bakkie met borsels, rekkies, skoolskoene, sokkies en Veneske, die jonger dogtertjie, wat so vier jaar oud was. Sy was nog in haar nagklere; ons sou haar na die tyd skaflik kry. Eers moes Yolanda na Mandie kyk, want dit sou 'n tragedie wees as die eerste-skooldag-foto nie op standaard is nie. Terwyl ek die stokke vat en jaag op die grondpad asof daar 'n veldbrand is, maak Yolanda Mandie se poniesterte klaar en trek haar skoene aan.

Daardie oggend breek ek my persoonlik beste tyd Lephalale toe en ons stop 7:14 voor Laerskool Bosveld, spring uit, hardloop tot by die skoolhek en gaan staan gou al drie langs mekaar – Mandie in die middel met die skool in die agtergrond sodat dit lyk asof ons gewag het vir die skoolhek om oop te gaan vir die foto wat op Facebook moet kom. Toe stap Mandie vir die eerste keer op haar eie deur die skoolhek, presies 7:15 en los ons met trane in die oë.

Soos ons terugstap bakkie toe, begin ek *damage control* doen en besef ek het my beursie vergeet, ons het nie die huis gesluit nie, ensovoorts. Die was 'n totale gemors, veral toe ons, na dit alles, die middag by die huis aankom en sien in watter toestand ons die huis gelos het. Dis eers toe ek rondkrap vir 'n glas om water te drink en besef ek moet een in die wasbak gaan kry en dit eers was, dat ek myself in 'n krul ruk en besluit ons sal moet 'n plan maak.

OM REG TE EINDIG, MOET JY REG BEGIN

Vir die meeste mense is die daaglikse gebeure nie iets om oor opgewonde te word nie en daarom is dit redelik moeilik om op te staan in die oggend, want as jy die lekker sagte gevoel van die kussing onder jou kop saam met die snoesige, warm gevoel van jou *duvet* bymekaartel en dit vergelyk met die koue kantoorstoel by die werk, dan klop die som nie. So gebeur dit gewoonlik dat mens daardie *snooze*-knoppie bly druk tot op die laaste sekonde, waar jy gewoonlik, as jy eerlik met jouself is, eintlik klaar laat is. Dis wanneer die pap op die vloer val en jy skarrel om jouself aanvaarbaar te kry vir die dag wat voorlê en in die meeste gevalle los jou geskarrel die huis soos 'n onverantwoordelike student se koshuiskamer met 'n poepreuk in die lug agter.

Die hele storie is aansteeklik, want jy is in 'n slegte bui, jou dag begin met groot haas; die oomblik as jy by die werk kom, moet jy begin met die *rat race* en jy kry geen kwaliteittyd vir jouself nie, want deur die dag gaan alles oor iets of iemand anders. Jy moet alles aan almal *please explain*, en, en, en.

Nancy P. Rothbard van die Universiteit van Pennsylvania en Steffanie L. Wilk van die Universiteit van Ohio het 'n studie daaroor gedoen met die naam *Waking up on the right or wrong side of the bed: Start-of-workday mood, work events, employee affect, and performance.* In 'n artikel uit *Harvard Business Review* sê die skrywer dat as ons ons dag gelukkig en rustig begin, ons waarskynlik so sal bly; maar as ons op die verkeerde voet begin, dan voorspel dit ongelukkig niks goeds vir die dag nie.

Om die waarheid te sê, as jy met die verkeerde voet uit die bed klim, is dit baie waarskynlik dat jou slegte bui deur die dag gaan voortduur. Wat erger is, sê hulle, is dat jy teen die einde van die dag nog slegter sal voel en nie jou werk goed gedoen het nie.

Die navorsers het kliëntediensverteenwoordigers oor 'n tydperk van 'n paar weke bestudeer en die hele dag deurlopende opnames gedoen. Wat hulle uitgevind het, was baie interessant:

1. Werknemers wat die dag in 'n goeie bui begin het, was meer ingelig in hul mondelinge kommunikasie, met beter taalgebruik as hul knorrige kolegas.

2. Die werknemers in 'n slegte bui het meer pouses gevat en 'n verlies van 10% in produktiwiteit gewys. (Nou wat sê dit vir jou as jy dink aan saamgestelde rente?)

3. As daardie kalante wat in 'n slegte bui is, met positiewe mense omgaan, het dit nie hul slegte bui herstel nie, maar, interessant, sodra hulle met negatiewe mense in kontak gekom het, het die negatiewe persone hulle wel beter laat voel. Dink 'n bietjie hieroor: Kan dit beteken dat as jy jou oggend verkeerd en met 'n slegte bui begin, jy dan meer met negatiewe mense gaan meng? Ja, vir seker, en teen dié tyd weet jy mos wat dit vir jou beteken as jy jouself omring met slegte vriende, of hoe?

Ou mense het altyd gesê moeilikheid kom in drieë. 'n Mens kan sê dat 'n slegte oggend ook drie fases het. Een, jy skarrel en rammel die oggend af en stamp jou toon by die voordeur op pad uit. Twee, jou dag is 'n negatiewe kringloop saam met negatiewe mense omdat positiewe mense jou slegter laat voel. Nommer drie is die oomblik as jy weer by die huis kom met die poepreuk wat nog kniehoogte in die lug hang, net bo die onderbroek wat in die gang lê. Nou moet jy eers die wynglas uit die opgehoopte wasbak haal en was voor jy vir jou 'n bietjie wyn kan ingooi om die *edge* te breek voordat jy gaan slaap en jou *duvet* van die grond af moet optel. Miskien is jy gelukkig en het jy iemand wat jou huis skoonmaak. Wel, ek sou sê dan behoort jy jou te skaam, want daardie persoon het alles gesien (en geruik), en dit wys presies watter tipe persoon jy regtig is.

Ek dink dit is duidelik dat as jy graag soos 'n stoom- trein deur die dag wil woeker met momentum danksy saamgestelde rente en die dag wil wen met 'n positiewe gesindheid, 'n glimlag en dit werklik wil geniet sodat jy dit die volgende dag weer wil doen, en die dag daarna, ensovoorts, dan is dit belangrik dat jy jou dag elke dag reg begin. Hoe dink jy?

'n Goeie manier om seker te maak dat jy jou dag altyd reg begin, is om 'n goeie oggendroetine te ontwikkel. Ek gaan met jou die oggendroetine deel wat my in die begin baie gehelp het totdat ek kon begin eksper- imenteer het met wat vir my werk en ek uiteindelik 'n persoonlike roetine uitgewerk het wat vir Bertus werk. Jy is uniek op jou eie manier, so die manier waarop ek goed in die oggend doen, gaan dalk nie so lekker in jou omstandighede werk nie. Ek deel egter die roetine wat vir my die bal aan die rol gesit het met jou sodat jy iets het om mee te begin.

DIE S.A.V.E.R.S.-OGGENDROETINE

Ek en my brein is 'n gemors wanneer dinge nie in plek is nie. Kom ek verduidelik wat ek bedoel. Omdat ek glo dat dit nie 'n goeie bate is om te woon in die huis wat jy besit nie, huur ek die huis waarin ek woon. Daar is baie positiewe punte om eerder 'n huis te huur, maar die waarheid, soos enigiets anders, is dat daar ook negatiewe punte is. Ons los die huishuurargument vir 'n ander dag, of dalk 'n ander boek, maar vir nou wil ek praat oor die feit dat as jy 'n huis huur, dit nie permanent is nie en die risiko altyd daar is dat jy sal moet trek. In my geval het ek vier keer in die laaste twee jaar getrek. Ek haat dit om te trek. Dis niks, en ek bedoel NIKS, lekker nie. Die laaste trek het ek my oë toegeknyp en 'n maatskappy betaal om dit vir my te doen. Ek kan maar eerder iets verloor in die trek-proses as wat ek weer met 'n spieëlkas teen die trappe moet opsukkel.

Wat ek in die laaste twee jaar opgemerk het, is die oomblik wanneer jy in 'n nuwe huis intrek, dan vat alles langer as gewoonlik. Byvoorbeeld, ek kan 'n koppie koffie maak so vinnig as wat die ketel vat om te kook. Eers sit ek die ketel aan en terwyl die ketel begin warm word, kry ek die beker, teelepel, koffie, suiker en melk. Ek gooi die goed bymekaar, roer dit en gaan bêre alles weer. As ek terugkom, fluit die ketel en al wat ek moet doen, is om die warm water in die beker te gooi en, voilà, ons het 'n produk. Aan die ander kant, as ons in 'n nuwe huis ingetrek het, het ek opgemerk dat die ketel al minute gelede klaar gekook het terwyl ek spartel om uit te vind waar die bekers en die suiker is. Vir die eerste paar weke in 'n nuwe huis voel dit gewoonlik soos een helse werk om net 'n verdomde koppie koffie te maak. Ek en my kopbeen kan net nie mooi in lyn kom nie, en die resultaat is dat tyd gemors word.

Wat ek probeer sê, is dat my en jou doel moet wees om alles in plek en op die regte plek te kry om ons oggende te wen. In die oggend loop die tyd vinniger as in die aand, want die oggend het iewers 'n *deadline*, soos wanneer die skool begin. En die aand? Wel, die aand moet eintlik ook 'n *deadline* hê, maar in die meeste gevalle is daar nie so iets nie, en as daar 'n *deadline* is, kan 'n mens dit gewoonlik aanskuif soos dit jou pas. As ek nou dink aan my kinders – hulle moet agtuur in die bed wees, maar soms betrap ek hulle tot so laat as tienuur die aand nog in die kombuis by die yskas. Die punt is, tyd vlieg in die oggend en jy gaan die appelkar omgooi in die oggend as jou goed nie in plek is nie. Dit is wat veroorsaak dat 'n mens kan hoor hoe jy die hangers in jou klerekas teen mekaar slaan soos jy inderhaas iets soek om aan te trek. Ek onthou nou, soos ek skryf, op die plaas het dit soms gebeur dat die water in die oggend klaar is en dan moes ek nog eers gou ry en die pomp gaan aansit. Met ander woorde, as die water in die oggend 'n probleem is, wel, dan is my hele dag 'n probleem.

As jy in my ouers se jagkamp is terwyl hulle oorsese jagters het, sal jy opmerk dat my ma elke aand voor sy gaan slaap die ontbytpap, beskuit, koppies, suiker en teelepels gereed sit, selfs die ketel vol water maak en klaar die koffiemoer in die espressoketel op die stoof sit. Al wat die eerste persoon wat die oggend in die kombuis kom, moet doen, is om die gas aan te steek en te wag vir die ketel om te kook.

Dink jy nie dit sal werk as jy in die aand voor jy gaan slaap jou klere vir die volgende dag klaar regsit op die stoel in jou kamer nie? Miskien sommer jou wekker ook by die klere sit sodat as dit afgaan, jy tot daar moet loop om die ding af te sit? Ek weet dit sal! Daarom kan jy dit ernstig oorweeg om aan die begin 'n lys te maak van alles wat jy in die oggend nodig het om die oggend te wen en 'n plan te maak dat dit elke oggend maklik en gerieflik bekombaar is sodat jy nie hoef te skarrel soos 'n afkophoender nie.

Die middag toe ek myself in 'n krul ruk en besluit ek moet 'n plan maak met die oggendstorie het ek op Hal Elrod se boek *The miracle morning* afgekom en dit op Audible begin luister. Die boek sal jou help om jou oggendroetine in plek te kry. In die oggend, voor jou dag begin, moet jy tyd aan jouself spandeer om jouself soos 'n atleet vir die dag op te warm. Dis waar ek Hal Elrod se S.A.V.E.R.S.-formule gebruik om myself voor te berei vir die dag in die oggend. Ek stel voor jy kry die boek. Dit is 'n baie goeie boek, maar vir nou sal ek Hal Elrod se S.A.V.E.R.S. vir jou in my eie taal verduidelik.

As jy in die oggend opgestaan het, jouself skaflik gekry het en jou bed opgemaak het, dan is dit tyd om jouself voor te berei vir die dag met die eerste stap en dit is die "S" van S.A.V.E.R.S.

DIE S STAAN VIR "SILENCE"

Toe ek in die koshuis op skool was, het die tweede klok in die oggend beteken stiltetyd. Ons moes dan bietjie uit die Bybel lees en bid – elke oggend; daar was nie 'n keer wat ek van weet dat daardie tweede klok nie gelui het nie. Ek dink meeste die Suid-Afrikaners erken stiltetyd as Bybel lees en bid. Waarna Hal Elrod met *silence* verwys, is meer gemik op die bidgedeelte. As jy elke oggend bid, is jy op die regte pad, want gebed is 'n stille en privaat gesprek met jouself en jou Skepper. Gewoonlik noem ons in ons gebed die goed waarvoor ons dankbaar is en ons bespreek die goed waaroor ons bekommerd is en vra vergifnis vir dit wat ons verkeerd gedoen het. Om te bid maak ons bewus van wat tans met ons gebeur. Dit bring jou aarde toe en versterk jou verhouding met die Vader.

'n Ander vorm van *silence* is – nou moet ek eers voorbrand maak: ek gaan jou nie probeer oortuig om 'n vreemde ding te aanbid nie, so luister net verder – 'n ander vorm van *silence* is meditasie. Hier is hoe mense dit doen op die eenvoudigste manier. Jy sit op 'n stoel met jou voete op die vloer en jou hande langs mekaar op jou skoot en jy haal drie keer diep asem by jou neus in en by jou mond uit terwyl jy op 'n klein voorwerp fokus. Met die uitblaas van die derde asemteug maak jy jou oë stadig toe en in jou gedagtes konsentreer jy op hoe jou boude op die stoel druk en jou hande op jou skoot voel. Daarna begin jy in jou gedagtes fokus op jou asemhaling soos jy in- en uitasem en jy konsentreer net op jou asemhaling, in en uit. Nou wat gewoonlik gebeur, is jy gaan begin dink aan iets soos: Wat ek dalk kan doen omtrent die agterstallige skuld is om ... Die oomblik wanneer jy besef jy dink aan iets, moet jy jou aandag weer terugbring na jou asemhaling en daarop konsentreer. Jy sal vind dat jy kort-kort weer aan iets begin dink. Die doel is om dan weer jou aandag en konsentrasie terug te bring na jou asemhaling toe. Eenvoudig gestel, wat jy doen, is jy leer jouself om 'n bietjie af te sluit van die gegons in jou kopbeen en jy raak bewus van jou gedagtes wat die heeltyd besig is. Ek dink graag aan meditasie as 'n oefening vir die brein. Deur middel van meditasie kan jy dele van jou brein opbou en dit eintlik herbedraad om positiewe eienskappe, soos fokus en besluitneming, te verhoog en die minder positiewe goed, soos angs en spanning, te verminder. Die belangrikste is dat dit die moontlikheid het om jou brein ten goede te verander oor die lang termyn.

Ek gebruik 'n toepassing op my foon, Headspace. As jy dit oorweeg om te leer hoe om te mediteer, stel ek voor jy laai Headspace af. Die mense van Headspace is baie goed om te verduidelik hoe meditasie werk en ek is mal oor die manier waarop hulle 'n mens leer om dit reg te doen. Die ou wat die lesse aanbied se naam is Andy. Volgens Andy en sy span kan meditasie jou positief help met die volgende: spanning, konsentrasie, gemoed, deernis, aggressie, selfbarmhartigheid, jou werk, angs en depressie. Daar is ook bewys dat meditasie 'n impak het op slaap, gewigsverlies, verhoudings, kroniese siektes en pyn.

Gaan besoek www.headspace.com vir meer inligting en laai die toepassing op jou foon af. Jy kry die eerste tien sessie gratis en daarna kos dit in die omgewing van R50 per maand. (Onthou, die prys gaan met tyd verander, so moenie my gaan staan en verantwoordelik hou daarvoor nie.)

In Matthew Kelly se boek *The rhythm of life* maak hy hierdie kragtige standpunt: "You can learn more in an hour of silence than you can in a year from books." Dit kom van 'n baie intelligente kalant af; so dink 'n bietjie wat stilte vir jou kan beteken.

Goed dan, as jy jou stiltetyd klaar gehou het, kan jy aanbeweeg na die "A" in S.A.V.E.R.S.

DIE A STAAN VIR "AFFIRMATIONS"

Op skool was ek nie baie goed in sport nie. Ek het in die kaas-en-wynspan rugby gespeel en ek was die kalant wat heel laaste in die 1 200 meter handevier-voet oor die eindstreep gekruip het, vir die grap. Maar swem was iets waarin ek goed was. In Laerskool Steen-bokpan het ons nie swem gehad nie. Ek het egter altyd in my gedagtes geweet dat ek goed is in swem en dat dit my ding is omdat my ouers altyd vir my vertel het hoe goed my pa kon swem, en daarom het ek geglo dat ek ook goed is daarin. Ek onthou hoe ek altyd by die sport vir myself gesê het: "Ai, as daar net swem was, want ek is goed in swem, dan het ek ook iets gehad waarvoor ek 'n beker kon kry." Toe maak die regering Laerskool Steenbokpan toe omdat daar te min kinders in die skool was en ons almal is oorgeplaas na Laer-skool Ellisras. Ek het dadelik gewonder of daar swem in Laerskool Ellisras is en die antwoord was "ja". Ek het baie uitgesien na die swem, want ek wou ook graag erkenning vir iets gekry het. Soos die tyd nadergekom het, het ek in my gedagtes met myself gepraat en gesê: "Ek kan nie wag vir die galas nie. Ek is baie goed daarin." Ek het nog nooit aan enige gala deelgeneem nie, so daar was geen bewyse dat ek regtig so goed soos my pa kon swem nie, maar ek was seker van myself en voor ek myself kon kry, het ek vir my maats begin vertel dat ek goed kon swem. Dít sonder dat ek ooit my vermoë teen iemand gemeet het. Toe die swemseisoen aanbreek, het my pa my begin oefen in die swembad op die plaas. In borsslag, byvoorbeeld, het ek nie eers mooi geweet hoe die paddaskop en arms met mekaar moet saamwerk nie. Toe verduidelik my pa vir my dat ek soos 'n padda moet skop en myself moet verbeel ek moet met my hande 'n nommer-20-driepootpot se bodem uitvee. Soos ek borsslag swem, sê ek vir myself: "Was die pot ... was die pot ... was die pot."

Jy moet nou ook in ag neem dat ek in standerd 4 was en dat Laerskool Ellisras ongeveer 1 000 kinders in die skool gehad het, waarvan baie kinders in standerd 4 al van graad 2 af swem geoefen het. Ek het altyd vir myself gesê ek is goed in swem, maar ek het eers drie dae voor die skooluitdunne vir my pa gevra om net gou vir my te wys hoe ek die vier verskillende slae moes swem. Op die groot dag staan al die maats vir wie ek vertel het dat ek goed is in swem en kyk hoe ek, "die plaaslaaitie", op die blokke staan met my pikswart speedo.

"Op jul merke, gereed ... boem!" sit meneer Molense ons af. Ek duik in die water en vir 'n kort oomblik is dit tjoepstil en ek hoor net die geluid van die borrels in die water tot my kop weer opkom om asem te skep en die geraas van die toeskouers se geskree die stilte breek. Ek besef dat ek moet begin om soos 'n padda te skop

en dat ek daardie nommer-20-driepootpot moet begin
uitvee. "Was die pot ... was die pot," sê ek vir myself
terwyl ek my oë net op die kant hou. Dit voel soos 'n
leeftyd toe ek uiteindelik die kant aggressief gryp met
twee hande en die tydhouer natspat. Toe ek kant toe
kyk, is ek die enigste een teen die kant en so kry ek
vir die eerste keer in my lewe 'n eerste plek in iets op
skool. Ek swem daardie dag al die slae en kry vir my
heel eerste gala 'n derde plek in rugslag, 'n tweede plek
in vryslag en rugslag en 'n eerste plek in borsslag en
wisselslag. Ek hoor toe van die vinnige borsslagoutjie
in Laerskool Bosveld wat almal altyd wen en omdat
ek weet dat ek goed is in swem, veral in daardie slag
wat jy die pot moet was, gebeur dit dat ek later in die-
selfde jaar vir Kallie Wessels by die interskole ook wen
met borsslag.

Vir dié wat nie weet wat *affirmations* is nie, die
Afrikaanse woord is "selfbevestiging", maar my weer-
gawe is "beuelblasers". Ons het altyd gepraat van "ek
blaas bietjie my eie beuel" wanneer jy iets goeds van
jouself sê. Die gesprek is iets soos: "Ek wil nou nie my
eie beuel blaas nie, maar ek is 'n uitstekende borsslag-
swemmer." Dieselfde gebeur as mense jou afkraak.
Dan het die sin so geloop: "Ek wil nou nie jou beuel
bars nie, maar jy is nie so goed soos wat jy dink jy is in
borsslag nie."

Beuelblasers is presies wat *affirmations* is. Dit is
waar jy met jouself praat en jou eie beuel so 'n bietjie

blaas vir die dag wat voorlê. In ons onderbewussyn het die meeste van ons die gewoonte om negatiewe goed van onsself te sê; ons bars basies ons eie beuel sonder dat ons dit besef, met sinne soos "Ai kyk hoe dik is ek; daar's nog 'n grys haar" en "Bertus, jy is darem maar 'n poephol". Partykeer bars ons ons eie beuel net om by 'n gesprek in te pas, soos "Dankie, maar moet julle nie aan my steur nie; ek is is nie so goed in sport nie", en jy dan 'n grap daarvan maak, soos om handeviervoet oor die eindstreep te kruip. Dit is kritiek belangrik dat jy begin bewus raak van al die kere wat jy jou beuel self staan en bars. Dit is sleg vir jou, veral in die oggend, want jy sê basies jy is nie goed genoeg vir die dag wat voorlê nie.

Masaru Emoto was 'n Japannese skrywer en pseudowetenskaplike wat gesê het dat die mens se bewussyn 'n invloed het op die molekulêre struktuur van water. Emoto se hipotese het oor die jare heen ontwikkel, en sy vroeë werk het gehandel oor pseudowetenskaplike hipoteses dat water op positiewe gedagtes en woorde kon reageer en dat besoedelde water deur gebed en positiewe visualisering skoongemaak kon word. Hy het die bekende liefde-haat-eksperiment met rys begin. 'n Mens doen basies die volgende: Jy sit gekookte rys in drie bottels wat dig seël, soos daardie bottels waarin jou ouma konfyt maak. Dan merk jy elke bottel met 'n etiket. Die eerste bottel merk jy met 'n liefde-etiket en die tweede bottel met 'n haat-etiket. Die derde bottel kry geen etiket nie. Jou taak is nou om elke dag met die bottels rys te praat. Vir die een wat gemerk is "liefde" sê jy liefdevolle goed, soos: "Jy is dierbaar, jy is wonderlik, ek is lief vir jou." Met die een wat gemerk is "haat", doen jy haatspraak, soos: "Ek haat jou. Jy is lelik." Die derde bottel ignoreer jy eenvoudig. So hou jy aan vir 'n paar maande en met die tyd is die rys wat in die "haat"- en "ignoreer"-bottels is, veronderstel om te begin vrot en muf, terwyl die rys in die "liefde"-bottel baie beter hou en nie so erg vrot word nie. Ja, ja, ek weet dit klink nie reg nie. Wikipedia wys uit dat Masaru Emoto baie gekritiseer is oor sy idees en dat daar nooit werklik konkrete bewyse van sy stelling gelewer is nie. Maar gaan kyk gerus op YouTube; daar is baie mense wat die eksperiment doen waarin dit regtig werk. Dan is daar ook ander wat video's maak waarin dit nie werk nie. Ek het ook al gehoor dat 'n mens met jou blomme in die tuin moet praat, maar kom ons los dit maar daar. Rys en blomme is nie mense nie. Ons het emosies, en emosies het 'n groot impak op hoe jy jouself sien en woeker.

In die boek *The secret*, wat 'n vriend jare gelede vir my gegee het, praat Rhonda Byrne baie van *affirmations*. Ek onthou hoe skepties ek was oor wat sy in die boek geskryf het, maar soos ek vroeër in hierdie boek verduidelik het, die oomblik wanneer jy in iets belangstel of oor iets wonder en nadink, begin jy meer en meer goed opmerk. Ek sê altyd: "Die goed waarop jy fokus, kry kleintjies." So het ek begin opmerk dat mense wat suksesvol is, baie positief en goed praat oor hulself en oor die goed waarmee hulle besig is. In die verlede het ek dit altyd gesien as windgatgeit. Om die waarheid te sê, in die gemeenskap waarin ek grootgeword het, dink die meeste mense jy is windgat as jy goed praat oor jouself. Ek onthou op skool het een van die boelies vir my kom sê dat Kallie Wessels sy vriend is en baie vinnig borsslag kon swem. Ek het geantwoord: "Ek gaan hom wen, want ek is ook baie vinnig in borsslag." Die boelie het my teen die bors gestamp en my gewaarsku dat ek nie windgat moes raak nie. 'n Goeie voorbeeld van iemand wat windgat voorkom en baie suksesvol is, is president Donald Trump. Let bietjie op hoe hy oor dinge praat: "We will make America strong again. We will make America proud again. We will make America safe again. And we will make America great again!" President Donald Trump sal goed sê soos: "This is a great country with great people and we are doing a fantastic job at keeping everyone safe." Hy is dalk windgat, maar hy is ook 'n biljoenêr en die president van Amerika, so hy het nie te sleg gedoen met sy windgatgeit nie.

Anders as Masaru Emoto en sy ryseksperiment is daar al baie studies gedoen oor die positiewe impak wat *self-affirmation* op mense het. Dit is oor en oor getoets op verskeie maniere. Joe Osteen se boek *The power of I am* is 'n baie goeie boek oor hoe jy *affirmations* kan gebruik in jou lewe.

Hier is 'n paar voordele van beuelblasers (*affirmations*) en dan gaan ek verduidelik hoe ek dit doen:

1. Die goed waarop jy fokus, kry kleintjies. Die heel eerste voordeel, glo ek, is die feit dat wanneer jy goeie selfbevestigende stellings vir jouself opsê, jy die geleenthede om jou begin raaksien omdat jou brein die inligting rondom jou begin filtreer en vir jou die pad wys wat jy nodig het en wat in lyn is met jou waardes.

2. Jy presteer beter onder spanning. 'n Paar jaar gelede het navorsers van die Carnegie Mellon Universiteit bewys dat selfbevestiging die gevolge van spanning kan verlig en dat dit 'n mens se probleemoplossingsvermoë verbeter. Ons almal weet hoe moeilik dit is om probleme onder stresvolle omstandighede op te los. Omdat selfbevestiging die vermoë het om kognitiewe funksionering te verbeter, is dit baie goed vir jou daaglikse besluite en produktiwiteit.

3. Jy kry sielkundige welstand. In 'n opname is bevind dat mense wat spontaan en gemaklik nadink oor hul waardes en sterk punte, groter sielkundige welstand het. Wat beteken dit presies? Wel, dat hulle geneig is om gelukkiger, meer optimisties, meer hoopvol, gesonder, minder hartseer en minder kwaad te voel.

4. Jy word bewus van jou daaglikse gedagtes en woorde en verminder die risiko dat negatiwiteit jou binnedring.

5. Jy begin om meer ooreenstemming in jou lewe raak te sien, wat jou aanmoedig en motiveer om voort te gaan met die goed waarmee jy besig is.

6. Daaglikse selfbevestigende verklarings help nie net om jou te omring met die dinge wat jy in jou lewe wil hê nie, maar dit help ook om meer seëninge en geskenke te bekom deur vir jou die pad uit te wys sodat jy aksie kan neem.

7. 'n Daaglikse oefening help om die klein dingetjies in perspektief te hou. In ons gejaagde wêreld kan jy maklik vergeet hoe groot die klein goedjies eintlik is. As jy gesond is, kan jy byvoorbeeld vergeet hoeveel jy dit waardeer. 'n Eenvoudige oggendbevestiging van "ek is gesond" kan baie help.

Ek het vir myself 'n lysie gemaak van beuelblasers en elke oggend gaan ek in my kantoor in, waar niemand my kan hoor nie, want nou-nou dink hulle ek is mal of iets. Dan lees ek die lysie hardop vir myself. So maklik soos dit. Kom ek wees kwesbaar en deel van die *affirmations* op my lysie met jou.

Ek is 'n uitstekende man vir Yolanda.

Ek is 'n uitstekende pa vir my kinders.

Ek is baie georganiseerd.

Ek is vreeslik netjies.

Ek is baie gesond.

Ek is vol energie.

Ek is 'n fantastiese storieverteller.

Ek is 'n uitstekende entrepreneur.

Ek is vreeslik gedissiplineerd.

Ek is baie produktief.

Ek is van nature proaktief.

Ek is suksesvol.

Ek is 'n groot inspirasie vir ander.

My lysie is langer, maar ek dink jy kry die idee. Jy kan my lysie gebruik, maar ek stel voor jy maak jou eie een. Wat ek nog doen, is om elke dag so drie van die beuelblaasstellings neer te skryf in my joernaal, net om so 'n bietjie ekstra te doen.

Onthou een ding: Jy is wat jy dink jy is. Henry Ford, die stigter van die Ford-maatskappy het op 'n keer gesê: "Whether you think you can, or you think you can't — you're right."

As jy jou beuel lekker geblaas het, kan jy nou aanbeweeg na die V in Hal Elrod se S.A.V.E.R.S.

DIE V STAAN VIR "VISUALISATION"

Wat gaan ons doen? Die kind kry dit net nie reg om deur daardie dertien-sekonde-merk te breek nie!

1:13.71. Dit was ons jongste dogtertjie se 100 meter-vryslagtyd. Veneske het haar persoonlike beste gereeld met galas verbeter, maar ten spyte van die feit dat sy elke dag baie hard geoefen het, het sy op elf jaar gesukkel om die 1:13.71-sekonde-merk in haar 100 meter-vryslag te breek. Dit het gelyk asof daar 'n breinblok of vrees is vir die uitdaging, want keer op keer kon sy dit net nie regkry om daardie tyd te verbeter nie.

Ek het gedink dat as sy dit op 'n manier kon regkry om haar 100 meter-vryslag te visualiseer voordat sy dit swem, daar 'n kans is dat sy haar persoonlike beste kon breek, maar hoe kry jy 'n elfjarige dogtertjie sover om iets te visualiseer? Die probleem was gedurig in my gedagtes en op 'n dag het daar 'n liggie aangegaan. Dalk kon ek vir haar iets opneem waarna sy kon luister net voor sy gaan swem.

Novembermaand is dit die Freda Barnard-gala in Oudtshoorn, en Veneske sou by die gala weer 'n kans kry om haar persoonlike beste tyd in die 100 meter-vryslag te breek. Ek het dit as 'n gulde geleentheid gesien om met my visualiseringsplan te eksperimenteer. By die huis het ek agter my studiomikrofoon ingeklim en die volgende opgeneem:

"Hallo, Veneske, soek 'n boom en kyk vir die boom. Haal vir Pappa diep asem in deur jou neus ... blaas nou jou asem deur jou mond uit. Baie mooi. Haal weer diep asem deur jou neus in en hou dit daar. Blaas nou weer jou asem uit deur jou mond. Mooi. Haal weer diep asem deur jou neus in en hou dit daar. En blaas nou weer jou asem uit deur jou mond en maak jou oë stadig toe. In jou verbeelding, kan jy voel hoe jou boudjies druk op die stoel? Baie mooi. In jou ver-beelding, sien jy hoe mooi groen is die gras? In jou verbeelding, kyk op ... sien jy hoe mooi blou is die lug, helderblou, nè? Kan jy die vliegtuig hoor? Daar's 'n vliegtuig op pad. Sien jy hom in jou verbeelding? Kyk, daar's 'n *sign* agter die vliegtuig vasgemaak. Kan jy dit sien? Jou naam staan daarop. Langs jou naam staan daar nog iets. Daar staan 'n tyd ... die tyd is 1:12.00, 100 meter-vryslag ... Kyk nou af na die swembad. Kyk hoe mooi blou is die swembad. Kan jy die swembad sien? Hoor jy hulle roep iets oor die luidspreker? Kan jy dit hoor? Hulle sê die onder-elf-dogters moet reg-maak vir die 100 meter-vryslag. Kan jy sien hoe jy opstaan en nader stap en jou handdoek op die stoel voor die blokke sit? Haal diep asem, Veneske, jy gaan nou amper begin swem. Luister mooi vir die fluitjie. Daar's hy; het jy dit gehoor? In jou gedagtes, klim nou op jou wegspringblok. Onthou jy hoe het jou af-rigter gesê jy moet induik? Maak seker jy duik nou presies so wanneer die *buzzer* afgaan. Daar gaan die *buzzer*. Duik. Kyk nou hoe jou duik lyk. Dit is perfek. Baie mooi. Kyk nou hoe jy swem. Is jou skoppe reg uit die heup uit? Hoe lyk jou *catch*? Jy swem baie goed. Onthou daardie vliegtuig. Onthou jy die tyd, 1:12.00. Jy moet druk. Kan jy sien hoe jou asemhaling reg is? Kyk na jou hand se plasing. Is jou gewrig reg? Waarnatoe wys jou vingers? Voel hoe jy deur die water gly. Hier kom die kant nader. Jy moet nou konsentreer op die *tumble*. Onthou wat jou afrigter vir jou gesê het. Doen alles presies so en kyk in jou gedagtes hoe jy daardie *tumble* perfek doen. *Well done*! Nou moet jy skop. Kan jy voel dat jy nie so moeg is nie? Kan jy voel hoe jy harder swem? In jou gedagtes moet jy nou op jou beste vermoë druk, want die horlosie tik en 1:12.00 kom nou vinnig nader. Kom, Veneske, jy kan dit doen! Kom, Veneske! Kan jy die kant sien? Kom, Veneske, amper daar, amper daar. Hou jou kop af vir die laaste paar hale en raak die kant! *Well done*, Veneske! Jy kan nou in jou gedagtes jou swembril afhaal en kyk na die bord. Kan jy sien wat staan langs jou naam? Daar staan Veneske Steenkamp 1:12.00. *Well done!*"

Ek sit toe bietjie alfa-breingolwe-musiek in die agtergrond by en laai die opname af op my foon en vat 'n paar gonsproppies saam Oudtshoorn toe. Nou ja, die opname was nie perfek nie, maar dis iets. Ek was bitternuuskierig om te kyk wat gebeur. Toe hulle die kinders begin roep om te *marshall* vir die 100 meter-vryslag, roep ek vir Veneske nader en vra dat sy gou na die opname moet luister en nie haar oë moet oopmaak nie en alles probeer verbeel in haar gedagtes. Tot my verbasing luister sy die hele opname deur, maar sy dink wel haar pa is nie lekker nie. Maar dis nie vir my 'n probleem nie. Ek gaan staan langs die swembad met my stophorlosie en wag vir die groot oomblik.

Soos gewoonlik gaan staan Veneske voor haar blok en kyk reguit voor haar, maar dié keer wonder ek waaraan sy dink. Kyk, ek pik maklik 'n traan weg en ek is baie sleg met dié goed, want ek is konstant net besig om te keer dat ek nie 'n traan wegpik nie. Die oomblik toe Veneske met die perfekte duik wegspring, misluk ek, soos gewoonlik, in my vermoë om die traanweg-pikkery te keer. Miskien was ek baie ingestel op wat ek gedoen het, maar dit het gelyk of daar 'n verandering is in haar wil soos sy swem. Daardie dag raak Veneske die kant in haar 100 meter-vryslag by die Freda Bar-nard-gala op 1:12.53 sekondes en verbeter haar beste tyd met 'n volle sekonde terwyl ek die traanwegpikkery probeer wegsteek.

Wêreldkampioenatlete is bekend daarvoor om voor 'n wedren deel te neem aan visualisering. Bekende suksesvolle mense soos Arnold Schwarzenegger, Tiger Woods, Jim Carrey, Antony Robins, Will Smith en Bill Gates is groot voorstanders van visualisering. Die vraag is nou: Hoekom probeer ons dit dan nie ook nie?

Die grootste probleem hier, glo ek, is dat ons nooit regtig weet wat dit is wat ons in die lewe wil bereik nie; daarom kan dit maklik so gebeur dat jy nie weet waar om te begin nie. Ek sou sê, vir 'n begin gaan slegs die oefening van visualisering jou dalk help om jou eie doel hier op aarde weer te vind en so gaan 'n prentjie van jou toekoms begin ontwikkel.

As ek weet wat ek die dag gaan doen, hou ek daarvan om die perfekte dag wat voorlê, te visualiseer. In die meeste gevalle bring dit my tot die besef dat ek nie mooi weet wat ek deur die loop van die dag wil doen nie. 'n Suksesvolle vriend van my het 'n gewoonte om hardop te dink, op so 'n manier dat dit amper klink asof hy met jou praat. Dis vir my lekker om na hom te luister hoe hy sy hele dag vooruitdink en beplan. Soos hy hardop dink, kan 'n mens amper die hele prentjie in jou gedagtes sien van hoe hy deur sy dag beweeg. Ek is mal daaroor. Maar soms het 'n mens perspektief nodig, want jy weet nie wat jy wil doen nie en dan skuif ek my visualisering na hoe dit gaan lyk as ek 60 jaar oud is.

Kyk, ons almal is uniek en om suksesvol in jouself te belê is nie soos 'n siekte wat met 'n breëspektruman-tibiotika gesond gemaak kan word nie. Jy moet basies kyk wat werk vir jou en wat werk nie. Dieselfde geld vir visualisering. Hier is drie eenvoudige stappe om mee te begin:

STAP 1

Kry die omgewing reg, byvoorbeeld in jou studeer-kamer. Sit sagte klassieke musiek of barokmusiek aan. Ek hou van alfabreingolwe. Die toepassing wat ek gebruik se naam is Brainwave.

STAP 2

Maak jou oë toe en vra vir jouself die volgende vraag:
Wat is dit wat ek regtig vandag wil bereik? Of, wat is
dit wat ek regtig met my lewe wil bereik?

STAP 3

Dink 'n bietjie hoe dit wat jy wil bereik, gaan lyk en
probeer dit in jou gedagtes sien. Probeer om jouself te
sien die nodige goed doen.

Ek weet dalk gaan jou gedagtes 'n *blank* wees en jy
gaan niks regkry nie. Dit maak nie saak nie. Onthou
ons almal kon op 'n stadium nie loop nie en met oe-
fening kan ek en jy vandag hardloop. So, moenie vir
jouself gaan staan en sê: Ek kry dit nie reg nie. Probeer
is die beste geweer.

Ons almal het 'n doel op aarde. Iewers het jy dalk
jou doel, soos die meeste mense, langs die pad vergeet.
Dit beteken nie jou doel is weg nie. Dit beteken net jy
moet dit weer vind.

Voor ek die gedeelte afsluit, wil ek met jou hierdie
interessante studie deel wat daarop dui dat net om aan
oefening te dink, dieselfde gevolge kan hê as om *gym*
toe te gaan

In 'n studie wat in die *Journal of Neurophysiology*
gepubliseer is, is bevind dat die visualisering van oe-
fening spiere kan bou. Volgens die Breitbart News

Network het navorsers aan die Universiteit van Ohio 'n eksperiment uitgevoer met twee groepe mense.

Die navorsers het een groep opdrag gegee om elf minute, vyf dae per week, vir vier weke stil te sit en in hul gedagtes te visualiseer dat hulle oefen, terwyl die ander groep mense niks gedoen het nie.

Aan die einde van die vier weke was die deelnemers wat aan die visualiseringsoefening deelgeneem het, twee keer so sterk as dié wat niks gedoen het nie, volgens Breitbart. Boonop was die deelnemers se breine sterker omdat die oefeninge sterker neuromuskulêre verbindings geskep het.

"What our study suggests is that imagery exercises could be a valuable tool to prevent or slow muscles from becoming weaker when a health problem limits or restricts a person's mobility," sê Brian Clark, 'n professor in fisiologie en neurowetenskap aan die universiteit.

As jy klaar lekker in droomland rondgewoeker het met jou visualiseringsoefening, kan jy nou aanbeweeg na die E in Hal Elrod se S.A.V.E.R.S.

DIE E STAAN VIR "EXERCISE"

"Stop Fonzo! My magtig, stop!" skree ek benoud terwyl ek en Fonzo met die plaaspad afhardloop hek toe. Dit was veronderstel om 'n rustige draffie saam met 'n Rottweiler te wees, maar het geëindig in 'n duur les. Ek is nie seker wat die les was nie, maar ek gaan dit nie sommer gou weer probeer nie.

My vrou, Yolanda, het op die plaas geteel met skougehalte Rottweilers. Haar Rottweilers het 'n menigte toekennings gewen en was 'n baie wins-gewende boerdery. Yolanda doen op 'n dag navorsing oor 'n volwasse reun met die naam Fonzo, wat te koop was in Newcastle. As my vrou eers haar kop op 'n Rott-weiler gesit het, kan ek maar skop en keer, dit help nie; dis soos om teen weerlig te poep. Met ander woorde, nie lank daarna nie is ons op pad om vir Fonzo te gaan haal. In daardie tyd was ek besig om te luister na Hal Elrod se S.A.V.E.R.S. in *The miracle morning* en die gedeelte waarna ek geluister het was die E vir *exercise*.

Terwyl Fonzo se teler vir ons vertel oor Fonzo se lyn en maniertjies, en so aan, noem sy ook dat haar man elke oggend met Fonzo gaan draf en dit is die rede waarom Fonzo so gespierd is. (Ek dink sy het gejok, want geen mens kan met Fonzo draf nie.) In dié tyd van my lewe het ek twaalf jaar gelede op hoërskool laas gedraf. Dit was toevallig dat Hal Elrod toe in sy boek voorstel dat ek 'n bietjie oefen in die oggend en dat ons juis toe 'n Rottweiler koop wat daaraan gewoond is om elke oggend saam met iemand te draf. So, dit het geklink asof alles 'n soort teken is en sonder om mooi daaroor te dink, sê ek: "Dis *great*, ek sal elke oggend met die hond gaan draf." Ek dink Fonzo se teler het in haar mou gelag terwyl Yolanda haar sonbril afgetrek het tot op die punt van haar neus en bo-oor die bril se raam vir my geloer het met haar mond effens oop. Ek het niks snaaks in my idee gesien nie en op pad terug was ek baie opgewonde oor my nuwe oggendroetine, wat 'n draffie saam met Fonzo sou insluit.

Die volgende oggend staan ek op saam met die geskree van 'n bosveldpatrys en ek begin die S.A.V.E.R.S. deurwerk tot ek by die "E" kom. Toe besef ek dat ek nie tekkies het nie en my enigste opsie is die DKW (dans-kerk-en-werk)-skoene; dis die Red-*back boots* in my kas, ingevoer uit Australië. Ek het gedink: Vandag kan ek die D vir Dans verander na D vir Draf tot ek vir my 'n paar tekkies koop. Nietemin, met my *bootse* aan, gaan haal ek vir Fonzo en maak hom vas aan 'n leerleiband. Dadelik kon ek opmerk dat die hond weet wat ons gaan doen. Sy houding was baie opgewonde en hy begin my sommer dadelik na die erf se hek toe trek. So staan ek in my DKW's met Fonzo vas aan 'n leiband en die leiband vas om my arm (ek wou nou nie graag Yolanda se nuwe hond verloor nie) by ons erf se hek en kyk na die plaaspad wat voor ons uitstrek in die oranje lig van die sonsopkoms deur die veld tot by die plaas se hek, ongeveer 500 meter verder. Ek dink by myself: Ek gaan net 'n gemaklike pas aangee, net om te begin; dan kan ons die pas stadig maar seker lig. Met dié gedagte trek ek die hek oop en voor ek kon keer, spring Fonzo weg soos 'n resiesperd uit die hekke. En so gee Fonzo toe die pas aan en ek ...

wel, ek spook om vinnig genoeg my voete voor myself op die grond neer te sit. Elke keer sodra my voet die grond raak, moet ek vinnig die ander voet vêr genoeg voor my pens op die grond neersit of ek val en dan gaan Fonzo my sleep, want die leiband is om my hand vasgedraai. In die stilte van die oggend klink dit soos 'n kameelperd wat hardloop soos ek my DKW's onder beheer probeer kry wat hard op die grond neerslaan. Teen dié tyd begin ek op Fonzo skree en dit maak alles erger, want Fonzo dink seker ek gaan hom nou 'n pak slae gee of iets, want duidelik is ek ontsteld; so nou hardloop hy nog vinniger en my enigste hoop is die plaashek. Die plaashek was vir Fonzo ook 'n probleem, want duidelik gaan die kalant agter hom wat so skree die geleentheid kry om hom daar vas te druk, en so volg Fonzo die pad wat na links uitdraai en ek volg hom agterna met my voete wat na regs uitswaai en die lang gras langs die pad net so 'n bietjie vee. En ek besluit dat val my enigste opsie is aangesien ek op die oomblik besig is om uit te swaai soos 'n "tjoep" wat agter 'n boot om 'n draai getrek word. Dit was nie eers vir my nodig om vrywilliglik te val nie, want die draai en my DKW's het nie mooi saamgewerk nie en so pootjie ek myself, rol deur die lang gras en kom tot stilstand teen die wilddraad. Eina!

Twintig minute later stap ek by die huis in met 'n stofstreep oor my gesig en wonder wat ek omtrent hierdie "E"-gedeelte van Hal Elrod se S.A.V.E.R.S. gaan doen, want die Fonzo-vlieër gaan nie vlieg nie.

Kyk, daar is mense wat baie vêr draf in die oggend en dan is daar mense wat verkies om eers in die laatmiddag te gaan draf. Ek het gevind dat ek en my vrou dit baie geniet om elfuur in die oggend saam te oefen en dit te sien as 'n geleentheid om 'n bietjie tyd saam te spandeer sonder die kinders. So, dit wys jou dat ons almal se omstandighede verskil. Daarom het ek besluit om die *exercise*-gedeelte van Hal Elrod se S.A.V.E.R.S. anders te sien. Ja, jy moet nog steeds oefen. Ek dink 'n mens moet net eerder op 'n ander manier daarna kyk.

Ons het vars melk op die plaas gekry en as Kuto dit nie deur die romer gesit het nie, het daardie melk die volgende oggend so 'n lekker dik laag room bo-op die melk gevorm. Koffie doen dit ook; as jy jou koffie te lank laat staan, dan vorm dit so 'n velletjie wat bo-op dryf. Ek wil sover gaan om te sê soortgelyke dinge gebeur in jou liggaam terwyl jy slaap. Nou ja, ek sê nie dit is presies so nie; moet my nou nie gaan staan en slaan met allerhande wetenskaplike studies en goed nie. Dit help net om so daaraan te dink. 'n Mens wil egter nou in die oggend 'n lepel vat en die spulletjie weer bietjie aan die lewe kry. Die enigste manier hoe jy 'n swembad kan lewe gee, is om daar in te spring of om die swembadpomp aan te skakel. Ons liggaam se swembadpomp is ons hart, en deur die nag het hy stadig ge-*idle*. Wat jy in die oggend wil doen, is om daardie hart 'n bietjie spoed te gee sodat jy die bloed in jou are bietjie spoel, by wyse van spreke, en lewe gee.

So, in plaas daarvan dat jy iets soos Fonzo vat vir 'n volledige oefensessie, kan jy eerder net iets vir tien tot twintig minute doen wat jou hartklop verhoog na 145 tot 180 kloppe per minuut, en 'n bietjie strek. In die oggend is ons gekreukel soos ou wasgoed en om so 'n bietjie te strek is 'n goeie manier om jou lyf reg te kry vir die dag wat voorlê.

Na tien tot twintig minute se oefening met die doel om slegs jou hartklop te lig en jou liggaam 'n bietjie te strek en los te kry, sal jy 'n duidelike verskil voel. Mense sê enige oefening is beter as geen oefening. Ek dink dit is belangrik dat 'n mens dit nie sien as jou daaglikse oefening nie, maar eerder as jou dag se *booster*. Dan kan jy aanbeweeg na die R in Hal Elrod se S.A.V.E.R.S.

DIE R STAAN VIR "READ"

In hierdie boek het ek begin met lees as die eerste manier om in jouself te belê. Met die tyd het ek baie geleer deur boeke te lees en oor die jare het dit baie dividende betaal. Dit gaan nie nodig wees om te veel in hierdie gedeelte van Hal Elrod se S.A.V.E.R.S. te krap nie omdat ons reeds daarna gekyk het in die begin van die boek. Maar dit is tog belangrik om te noem dat as jy 'n baie insiggewende boek het en dit in die oggend vir ongeveer 20 minute lees, is die kans baie groot dat jy iets gaan leer wat dalk in jou kopbeen gaan bly deur die loop van die dag, soos 'n liedjie wat jy geluister het en wat nou in jou kop vashaak en voor jy jouself kry, sing jy die liedjie in jou gedagtes of neurie jy dit saggies. Ek dink dis 'n goeie manier om iets te leer, want as jy regtig iets goeds raaklees, is daar 'n kans dat jy dit werklik gedurende die dag sal kan implementeer.

In die boek *Never split the difference* deur Chris Voss het ek een oggend geleer hoe hy *mirroring* gebruik om te onderhandel. Die doel daarvan is om meer inligting te kry oor 'n onderwerp. 'n Mens doen *mirroring* deur slegs die laaste drie woorde van iemand se sin te herhaal met 'n stemtoon wat soos 'n vraag klink. Dit motiveer iemand om meer oor die onderwerp uit te brei of te verduidelik. Die gedagte was vars in my kopbeen en ek het die hele dag *mirroring* geoefen op almal. En kyk net wat het gebeur: tot en met vandag kan ek onthou dat daar iets bestaan soos *mirroring*.

Ek het 'n toepassing op my foon afgelaai met die naam Blinkist. Blinkist is 'n toepassing wat goeie boeke opsom sodat jy die hoofboodskap daarvan kan kry. In Blinkist kan jy kies of jy die opsomming wil lees en of jy daarna wil luister, dis jou keuse, en jy kan gedeeltes *highlight* wat vir jou belangrik is. Op die oomblik vind ek dat Blinkist lekker vir my werk in die oggend, want die opsommings is ongeveer vyftien tot twintig minute lank; so dit pas lekker in my roetine. Dit kan dalk vir jou ook werk.

Maak seker jy het 'n goeie boek of die Blinkist-toe-
passing gereed in die oggend sodat jy, sodra jy klaar
geoefen het, gou kan sit en lees terwyl jy jou asem
terugkry. Om regtig waarde te kry gedurende die
leessessie sal ek sê jy moet ongeveer twintig minute hi-
eraan spandeer en dan kan jy aanbeweeg na die laaste
"S" van Hal Elrod se S.A.V.E.R.S.

DIE S STAAN VIR "SCRIBING"

Nou is die tyd om daardie joernaal waaroor ons vroeër
in die boek gepraat het, nader te trek. Teen dié tyd be-
hoort jy vuur en vlam te wees vir die dag. Jou gedagtes
helder en jou motivering hoog.

Ek het gevind dat ek baie duideliker dink en meer
waardevolle goed in my joernaal skryf as ek deur al Hal
Elrod se S.A.V.E.R.S. gewerk het en dan begin skryf in
my joernaal. Moenie hierdie gedeelte onderskat nie.
Dit is baie belangrik, want dit gee vir jou perspektief
oor die dag en jy kry die geleentheid om jou hoofdoel-
witte vir die dag neer te skryf sodat jy kan konsentreer
op die belangrike goed wat jy wil bereik en sodoende 'n
waardevolle dag kan aanpak en afhandel.

Ons het reeds baie oor hierdie onderwerp han-
teer in die hoofstuk "Hou 'n joernaal", so ek sien geen
rede waarom ons nou hier nog meer daarop moet uit-
brei nie.

Dit is dan Hal Elrod se S.A.V.E.R.S. Sy boek *The
miracle morning* het baie vir my beteken, en ek beveel

dit aan vir enigiemand wat graag sy oggend reg wil begin en sodoende wil wen.

Hier is 'n opsomming van Hal Elrod se S.A.V.E.R.S.

- *Silence* (stiltetyd; gebed of meditasie)
- *Affirmations* (blaas jou eie beuel)
- *Visualising* (visualiseer hoe jou dag of jou toekoms gaan lyk)
- *Exercise* (oefen om jou hartklop te versnel)
- *Read* (lees 'n boek of luister na Blinkist)
- *Scribing* (skryf in jou joernaal)

Verder het ek nog iets geleer wat jy dan volgende in die oggend kan doen. Dit is 'n MIT.

WAT IS 'n MIT?

"Goeiemôre, meneer Steenkamp," sê Debbie vir my oor die foon toe ek antwoord. (Vir die rekord, Debbie is nie formeel nie; sy is vermakerig; dis hoekom haar van "Vermaak" is.) "Dagsê, Debora, wat gebeur daar?" antwoord ek. "Die manne van Mbogo Hunting Safari het nounet laat weet dat hulle die kameelperd gejag het en dat ons dadelik moet kom met 'n span om te help met die slag van die kameelperd," sug Debbie. "Regtig! Sou hulle nie môre eers die kameelperd gaan jag het nie?" vra ek, en Debbie herinner my dat ons mos nou al teen dié tyd weet dat die goed gewoonlik nie uitwerk soos dit beplan word nie.

Ek was die oggend op pad kantoor toe met baie planne vir die dag toe ek die oproep van Debbie ontvang. Die kort en die lank daarvan is dat my dag uit die blokke nie sou uitwerk soos ek beplan het nie, en ek die belangrikste tyd van my dag sou spandeer aan krisis bestuur en kameelperd slag. Die oomblik wanneer die wêreld daarbuite begin en hy al sy ratte stadig begin draai, kan jy maar weet alles, almal en wat nog gaan moontlik 'n katarsis onverwags in jou hande laat val. Gelukkig het jy die oggend reg begin en is jy in beheer, soos 'n flink skrumskakel wat vinnig die onverwagse uitdagings hanteer in die spel van die wêreld. Dis die goeie nuus, maar die slegte nuus is dat ons gewoonlik die belangrike take vir die dag prysgee. Ek verwys na die take wat baie belangrik is vir die lang termyn en dit is die einste take wat ons baie vinnig en baie gerieflik eenkant toe skuif in die oomblik van 'n krisis. Hierdie belangrike take noem Kevin Kruse MIT's in sy boek *15 secrets successful people know about time management.* MIT staan vir *most important task.* In die oggend het jy lekker gerus, jou kopbeen is vars en reg vir aksie en daarom dink ek dit is baie belangrik dat jy heel eerste aan jou MIT begin werk sodat jy jou beste energie daaraan kan spandeer. Jou MIT is die taak wat vir jou oor die lang termyn saamgestelde rente gaan bou en dit is die take wat die stoomtrein gebruik om momentum op te bou. Daarom moet jy 'n instelling maak om jou MIT 'n ordentlike pak slae te gee voor die wêreld wakker word met sy maniertjies.

My taksidermie maak seweuur in die oggend oop. Ek maak seker dat ek teen sesuur klaar is met my oggendroetine en dan werk ek sesuur tot seweuur aan my MIT vir die dag. Na seweuur kan die wêreld se *sports* begin. Ek het op my foon en op my skootrekenaar 'n stelling gemaak dat ek geen herinnerings, pings, SMS'e, oproepe en dies meer gedurende daardie tyd ontvang nie. Inteendeel, ek hou die stellings so tot en met tienuur in die oggend. As iemand regtig dringend met my wil praat, kan hulle die pad deur my vrou volg. Die meeste gevalle kan 'n bietjie wag; dis gewoonlik nie die einde van die wêreld nie, alhoewel dit so mag voel. 'n E-pos, byvoorbeeld van 'n kliënt wat 'n klagte indien, voel gewoonlik soos die einde van die wêreld en jy is veronderstel om dit dadelik te beantwoord, maar in werklikheid kan jy oor so veel as drie ure eers daaraan aandag gee. Dit gaan nie so 'n groot verskil maak soos wat ons kopbeen vir ons sê nie. Wat wel 'n verskil gaan maak, is as jy dit nié antwoord nie. Op 'n vliegtuig sê die lugwaardin: "In the unlikely event of a loss of cabin pressure, panels above your seat will open revealing oxygen masks ... The plastic bag will not fully inflate, although oxygen is flowing. Secure your own mask first before helping others!" Jy kan na jou MIT kyk as 'n manier om seker te maak jy is reg voordat jy ander begin help.

Wat is die belangrikste projek waarmee jy besig is en wat die meeste vir jou gaan beteken oor die lang termyn? As jy 'n werknemer is, kan dit dalk 'n vaardigheid wees wat jy aanleer of 'n kantlynprojek, soos die bou van 'n aanlyn kursus waarin jy jou vaardighede vir ander mense leer. Maak dit dan jou MIT en woeker elke dag een uur in die oggend daarmee voordat jy die wêreld se dag-tot-dag-take takel. Vir 'n lang tyd was my MIT die outomatisering van my besigheid se stelsel. Vandag is dit om hierdie boek te skryf.

Die beginstadium van enigiets is altyd die belangrikste. Jy kan nie 'n huis bou sonder 'n ordentlike fondasie nie. Enigiets wat ek en jy aanpak, begin iewers en as jy die begin opneuk, wel, dan werk dinge gewoonlik nie uit soos wat jy dit graag wil laat werk nie. Elke dag begin in die oggend; dis jou keuse of jy dit gaan reg begin of eerder gaan kies om die begin van 'n dag te vermy en maar net *go with the flow* en rondval met wat ook al jou nodig het. Jy is beter as dit. Jy is hier vir 'n rede. Dalk het jy net nie beheer nie; dalk is dit omdat jy kies om nie beheer te neem nie; dalk is dit 'n goeie idee om jou oggend reg te begin en net te kyk wat gebeur. Komaan, yster, wen jou oggend en dan kan jy jou dag wen!

MAAK DIT MAKLIKER
EN BETER

DIE FRATSONGELUK

"Bertus, since you are the only boy in the class, I think you should mark the poetry this morning," sê die Engelse onderwyser vir my. Hierdie onderwyser was nie net my matriek- Engelse onderwyser nie, maar ook my oom. Wel, aangetroude oom, want hy het met my pa se sussie getrou. My vermoede was dat hy op my gepik het of dalk maar net lekkergekry het om my gas te gee aangesien ek sy swaer se laaitie was. "I'll try, Sir," sê ek huiwerig, want die vet weet, as ek vir myself in my gedagtes lees, kan ek nie verstaan wat ek lees nie. As ek hardop lees, is dit tien keer erger. Tot en met vandag weet ek nie of jy asemhaal as jy by die komma kom en of jy jou asem moet inhou tot jy uiteindelik 'n punt bereik nie. As ek hardop lees, veral Engelse gedigte, klink ek soos 'n Lister-enjin wat iemand besig is om te draai met 'n slinger sodat die ding kan *start*, maar in my geval *start* die Lister nie; hy hakkel en sluk winde asof daar water in die diesel is.

Om een of ander rede het die skool se bestuur 'n probleem gehad met die opdeel van die nuwe matriekkinders daardie jaar en soos 'n fratsongeluk, beland ek in 'n Engelse klas wat slegs uit die topmatriekdogters opgemaak is en ek verteenwoordig die ... (hoe kan mens dit nou mooi sê?) ... die vrot appel. Die dogters in my Engelse klas was ernstige skoolpligties, as ek dit so kan stel.

Meneer Campbell gee vir my die memorandum en ek gaan staan voor die klas met die papier in my hande en sien net die slaggate (dis nou die lang woorde in al die antwoorde op die memorandum) raak. Van die woorde is sommer amper 'n voet lank. Ek kyk op en sien hoe sit al die dogters reg, elkeen met 'n pen in die hand, en wag vir my om vir hulle te sê wat vraag een se antwoord is. Meneer Campbell, aan die ander kant, is besig om vraestelle te merk en ek wonder of hy weet dat hy my die volgende paar oomblikke deur een van die grootste verleenthede in my skoolloopbaan gaan sit. Met hande wat sweet, skop ek af: "Question one, the arr... the arrang... arrangem... *arrangement* of stre... stress... stressed and unstr... unstressed sy... syl... uhmm ... syllables ... syllables creates ..." Dis 'n gemors. Die oomblik toe ek dink ek het arrangement reg gelees, steek een van die dogters haar hand op en vra: "Ekskuus, Bertus, ek verstaan nie daardie eerste woord 'arrange'-iets nie. Kan jy dit net asseblief weer sê?" Wat 'n nagmerrie! "Are you battling, Bertus?" vra my oom en voor ek kan antwoord, vra hy vir Marie van Rooyen, die hoofmeisie, om by my oor te vat.

Dié spesifieke Engelse periode het as't ware 'n sielkundige letsel by my gelos, aangesien dit gevoel het asof ek niks het om vir die klas te bied nie en ek van geen waarde is nie; daarom dat my oom my met iemand beter vervang het. Ek dink die gebeurtenis kon baie slegte gevolge gehad het, maar tot my geluk het ek 'n dryfkrag ontwikkel van "ek sal julle almal nog wys". Maar dis nie al wat in daardie Engelse periode gebeur het nie. Ek kan nie mooi onthou hoe hierdie punt opgekom het nie, maar nadat Marie die memorandum gelees het, het my oom opgestaan en begin klasgee, en iewers in daardie tyd het hy iets gesê wat tot vandag nog by my bly en wat ek baie waardevol vind. Dit was: "Always do things that make life easier and better." Ek dink die verleentheid van die merk van die *poetry* en die hoop in die stelling "always do things that make life easier and better" het saam diep in my kopbeen vasgebrand. Ek hoop dat ek dit in hierdie hoofstuk gaan regkry dat jy ook met alles gaan wonder hoe jy dit makliker en beter kan maak.

Baie soos ons geld-*blueprint*, het ons maniere aangeleer om sekere goed te doen. Om iets nuuts en anders te doen, is gewoonlik moeilik, want dis nie waaraan jy gewoond is nie. Sodra ons probeer om uit ons gewoontes of gemaksone te beweeg, dan begin die *sports* –jou hart klop vinniger, jou hande sweet en jou kopbeen begin skree en onderhandel.

SAGTEWARE AANLYN

In vandag se tyd is daar hordes tipes sagteware aanlyn wat kan help om jou dag-tot-dag-take makliker te maak, maar in die meeste gevalle dink mense dat die manier waarop hulle goed doen, werk en nog altyd gewerk het. Kom ek gebruik die manier waarop ek my besigheid se boekhouding in die verlede gedoen het as voorbeeld. Ek was baie trots op 'n Excel-programmetjie wat ek self geskryf het. Ek sê nou "program", maar dit was eintlik net 'n gewone ou Excel-*spreadsheet* met 'n paar formules op wat my bankstaat se inligting gesorteer het sodat my rekenmeester kon sien hoe elke transaksie geallokeer is teen die regte rekening. Dit het beteken ek moes basies my hele maand se bankstaat oortik in Excel. My vrou het my altyd daarmee gehelp. Ons het tien minute voor ons begin met die storie eers vir mekaar gekyk en belowe dat ons nie gaan baklei nie en dat ons mekaar se gevoelens in ag gaan neem. Maar selfs dit het nie gehelp nie. Dit was 'n storie en Yolanda was gewoonlik die eerste een wat haarself in 'n krul sou ruk. Sy sal seker nou sê dis nie waar nie en dat ek die kalant was wat myself altyd eerste opgeruk het. Nietemin. Om my boeke te doen was 'n hele dag se werk en een vet bakleiery.

Die vraag is: Hoe kan 'n mens dit makliker of beter maak? Op 'n dag vertel my swaer vir my van 'n program, Xero Accounting, wat jou bankstate daagliks intrek (sonder Yolanda se hulp). Let wel, daagliks, nie maandeliks nie, DAAGLIKS. "Wat nog beter is," sê my swaer, "is, in die begin moet ek net vir die program sê na watter rekening elke transaksie geallokeer moet word en dan gaan Xero dit volgende keer self doen en jy moet dit dan net goedkeur." Dan is daar 'n program,

Receipt Bank. Met Receipt Bank neem jy net met jou foon 'n foto van jou strokies soos jy goed in die dorp koop en dan lees Receipt Bank al die inligting op die strokie en stoor die inligting op Xero. Xero soek dan op jou bankstaat die transaksielyn waar jy met jou kaart of met 'n EFT betaal het vir die strokie en verbind die twee met mekaar!

Kom ek verduidelik. Gestel jy koop skroewe vir jou werkswinkel en dit kos R75.23. Jy betaal daarvoor met jou kaart en die winkel druk vir jou 'n strokie. Wat jy gewoonlik doen, is om daardie strokie te hou, en by die huis sit jy dit in 'n lêer, want jy wil die BTW daarop eis, nè. Wel, met Receipt Bank geïnstalleer op jou foon, neem jy in die winkel sommer gou die strokie af en gooi die strokie in die asblik. Terwyl jy bakkie toe stap, kyk Receipt Bank na die strokie en sien die bedrag is R75.23 en dat die 15% BTW daarop R11.28 is. Dan sien Receipt Bank die datum, faktuurnommer en die besigheid se naam op die strokie en stoor dit alles terwyl die program dit vir Xero stuur. Die aand terwyl jy slaap, trek Xero jou bankstaat, en as jy die volgende oggend opstaan en gaan kyk wat het in Xero gebeur, sal jy sien dat Xero opgemerk het dat daar 'n strokie is vir R75.23 en dat daar op jou bankstaat R75.23 uitbetaal is en die datum is dieselfde. So, nou weet Xero dat dit die betaling op jou staat vir daardie strokie was en merk die strokie as betaal en allokeer die betaling teen materiaal en voorraad. Nie sleg nie, nè. Wel, dit word nog beter: jou boeke is elke dag 100% op datum; as jy jou BTW moet indien, is dit met net die druk van 'n knoppie en al jou strokies is netjies onder mekaar gesorteer en reg om na SARS toe te gaan. Daar is nog baie meer voordele, maar ek dink jy kry die prentjie.

Het ek toe vir my swaer geluister en dadelik daarmee begin? Nee, 'n mens sou dink dis 'n *no-brainer*, maar ek het nie, want ek het geglo my Excel-programmetjie is goed genoeg, plus ek het baie tyd daaraan spandeer en dis asof ek myself blindgestaar het teen die manier waarop ek goed doen en dit net nie wou verander nie. My kopbeen sê vir die wonderlike voordele van Xero "hou regs verby" en so gaan die inligting by my een oor in en die ander uit. Ek is net dankbaar dat my swaer aangehou het tot ek uiteindelik al my goed oorgeskuif het na Xero toe.

HOEKOM WIL ONS SUKKEL?

Hoekom wil ons altyd alles op die moeilike manier doen? Hoekom wil ons sukkel? Een van die grootste huweliksredders is 'n skottelgoedwasser. As jy getroud is en nie een het nie, wel dan moet jy nou dadelik vir een begin spaar, my vriend, vinnig. Die vet weet, moet net nie die ding op skuld koop nie! Spaar eers; dit is beter. Maar glo dit of nie, daar is mense in hierdie wêreld wat die skottelgoed eers in die wasbak was en dan, wanneer dit skoon is, in die skottelgoedwasser pak. Hoekom? Dit gaan my verstand te bowe. Wil ons, ten spyte van alles, graag sukkel? As jy jou beeste spuit met 'n sprinkaanspuit waarvan die velletjie lek, is jy hardwerkend en jy maak die bosluise dood. Ek weet jy is 'n yster, maar as jy jou beeste met 'n bakkiesakkie almal in een oggend spuit, in plaas van oor 'n week met 'n sprinkaanspuit, wel, dan het jy reg belê in jouself en jou besigheid. Hoekom wil jy dan nog steeds met die sprinkaanspuit staan en peuter? Raam die ding en hang hom in jou kantoor, sodat jy eerder kan sien van waar af jy kom en hoe vêr jy gevorder het.

Die idee wat ons het om in onsself te belê is in werklikheid daar om goed makliker te maak, makliker en beter. Daar is net soveel tyd in die dag en ons almal, van Elon Musk, Donald Trump en Bill Gates tot by Oprah, het presies dieselfde hoeveelheid tyd. Die verskil is hoe jy daarna kyk en dit gebruik. Hoe kan jy dit wat jy doen, makliker of beter maak. Soos ek die boek skryf, het ek gebrag oor my gawe manier om vinnig koffie te maak en nou skryf ek oor hoe mense altyd goed moet doen wat die lewe makliker en beter maak. Dit het veroorsaak dat ek eergister gedink het dat die manier waarop ek koffie maak nie regtig so maklik is in die huis waarin ons nou bly nie. Die ketel is op die stoof en die stoof is ongeveer vier meter van die kas waar die koffie is, terwyl die bekers aan die ander kant bo langs die stoof gebêre word. Wat het hier gebeur? het ek gedink. En gisteroggend het ek met Yolanda daaroor gepraat. Nou is al die goed, koffie, suiker, bekers en ketel, alles bymekaar en ek hoef net op een plek te staan en baie gerieflik 'n koppie koffie te maak. Nou dis 'n goeie manier om in jouself te belê en iets makliker en beter te maak. "Maar, Bertus, dis iets baie kleins," dink jy seker. Dis waar, ja, maar dis die klein goedjies wat momentum bou, my vriend. Die klein goedjies groei en smeer af aan groter goed, maar ons gaan daaroor praat in die volgende hoofstuk.

As jy nou weer sukkel om jou kar se sleutels te kry die dag as jy haastig is om by die werk te kom en rond-hardloop in die huis en oral soek, dink bietjie hoe kan jy dit makliker en beter maak sodat dit nie gebeur nie. As jy van die winkel af kom en besef die melk is ook klaar en jy het nou nie geweet nie, anders het jy melk gekoop toe jy daar was, dink bietjie hoe kan jy dit makliker maak. Die idee is om stadig maar seker in die gewoonte te kom om altyd te dink hoe jy iets makliker en beter kan doen en so jou kopbeen leer dat dit nie so erg is om goed op ander, nuwe maniere te doen nie, en dat dit eintlik makliker is vir jou en ook vir jou kopbeen. 'n Mens se brein is 'n lui kalant en as iets nuuts voor hom verskyn, is hy geneig om dit eenkant toe te skuif sonder om te dink dat dit nie net jy is wat voordeel daaruit gaan trek nie, maar hy ook. As jou brein besef dat dit sy werk ook makliker maak, gaan hy volgende keer makliker na nuwe idees luister.

Die naam van hierdie boek is *Teëspoed is jou voorspoed*. Teëspoed is waar jy die geleenthede vind wat jy makliker of beter kan maak. In my en jou lewe het baie dinge al verkeerdgeloop. Hoe kyk jy daarna? Is jy spyt? Of is jy dankbaar daarvoor? Partykeer is die teëspoed nie so erg nie, en dan ignoreer jy dit wat gebeur het, maar ons vergeet teëspoed is die manier hoe die wêreld ons leer en as jy die eerste keer nie jou les leer nie, wel, dan moet jy seker meer teëspoed ervaar om die les te leer, met groter gevolge.

As jy vandag na enige taksidermie toe gaan om jou jagtrofee in te dien dat die taksidermie dit vir jou kan monteer, sal jy vind dat jy 'n duplikaatboek moet invul met jou naam, telefoonnommer en e-posadres. Plus, op die dokument gaan jy spesifiseer wat dit is wat jy ingee en wat jy graag wil hê die taksidermie vir jou moet maak. Dan kry jy, die kliënt, 'n afskrif (wat gewoonlik wegraak) en die taksidermie se afskrif bly in die boek agter. By Trophex het ons dieselfde gedoen vir jare en daar lê hordes sulke boeke bo-op mekaar. Elke keer as 'n kliënt bel oor 'n probleem, moes ons daardie boeke vat en deurblaai tot ons by die kliënt se bladsy kom om te kyk wat in die lewe het op daardie dag gebeur. Dan is die skrif lelik of die afskrif wat ons het, is nie duidelik nie. Soms vat dit ure om net die afskrif op te spoor. Dit was 'n les wat die wêreld vir ons geleer het, maar ons het die gesukkel nie as 'n les gesien nie en dit doodeenvoudig geïgnoreer. Tot daar eendag 'n stel vlakvarktande van een van die buitelandse jagters skoonveld is. Met 'n gesukkel het ons die afskrif van die ontvangsdokument gekry en daar was 'n nota langs die vlakvark, maar niemand kon lees wat daar gestaan het nie. Die persoon wat die trofee ingeboek het, het nie meer vir Trophex gewerk nie en so staan ons met ons hande in ons hare. Dis 'n lang storie om al die besonderhede hier te verduidelik, maar die lank en die kort was, ons moes toe die kliënt se vlakvark vervang ... in DOLLARS! Hier het die teëspoed wat ons geïgnoreer het, besluit dat Trophex 'n groter pak slae moet kry, en dit het gewerk.

Dit wat ek in die Engelse klas in matriek geleer het, het ek weer hier vir myself gevra: "Hoe kan ek dit makliker en beter doen?" En so ontdek ek 'n program op die internet, Appenate. Die program maak dit vir jou moontlik om 'n vorm wat jy op papier het, te ge-digitaliseer sodat jy dit kan invul op jou foon. Plus jy kan foto's bylaai, koördinate insluit en iemand kan daarvoor teken op jou foon met hul vinger. Die pro-gram stoor al die inligting in die wolke en jy het net die internet nodig om toegang daartoe te kry. Ek geb-ruik toe Appenate en skep 'n vorm soortgelyk aan die een wat ons op daardie stadium gebruik het en begin die trofees inboek op my foon, elkeen met sy eie foto by sodat ons kan sien hoe die trofee gelyk het die dag as ons dit ontvang. As ek die vorm stoor, dan stuur die program sommer vir die kliënt outomaties ook 'n afskrif via e-pos, en ek het besluit die ontvangsdame moet sommer ook 'n afskrif via e-pos kry. Toe ek my oë uitvee, is Trophex Taxidermy die enigste taksidermie in Suid-Afrika wat trofees digitaal inboek. Tot en met vandag is ander taksidermies in Suid-Afrika nog steeds besig op die ou manier, met duplikaatboeke.

Wat kan ek nog doen? Wat kan dit nog makliker maak? Wat kan dit nog beter maak? het ek myself die heeltyd afgevra. Vandag is alles by Trophex digitaal. Ek het statistieke en grafieke en alles is geoutomatiseer. My besigheid is in Lephalale, Limpopo, terwyl ek in George in die Wes-Kaap woon en alles bestuur. Omdat ek bly dink wat kan iets makliker of beter maak, het ek my teëspoed in voorspoed verander. As ek dit kan doen, kan jy ook.

Moenie die klein goedjies ignoreer nie. Die wêreld is besig om vir jou 'n les te leer. Ons is nie hier op aarde om te sukkel nie. Dis malligheid om te dink iets soos geluk, sukses en vryheid is nie vir jou beskore nie, terwyl jy nie bereid is om te leer uit jou teëspoed nie en nie in jouself wil belê met maniere om jou eie voorspoed te verseker nie.

In Simon Sinek se boek *The infinite game* vertel hy dat daar nie 'n eindstreep is nie. Dit wat ek en jy vandag doen, gaan oor 'n paar jaar nie meer die beste en maklikste manier wees nie. Daar was 'n tyd toe die sprinkaanspuit die enigste opsie was, maar toe kom die bakkiesakkie, wat eintlik daar is om veldbrande te bestry, maar wat ewe goed ook jou beeste met boslu-isgif kan spuit. Volgende jaar is daar dalk voer wat jy vir jou beeste kan gee wat keer dat die bosluise pla, en dan is die bakkiesakkie ook iets wat jy kan raam, as dit moontlik is. Die punt is dat hierdie speletjie nooit gaan ophou nie. Teëspoed gaan jou môre weer verras, maar jy gaan weet dat dit daar is om vir jou te wys dat dinge besig is om te verander.

Vir die Engelse matriekklas van 1999 wil ek die hoofstuk afsluit deur 'n Engelse gedig op te sê uit een van my gunstelingliedjies van Bob Dylan.

The times they are a-changing

Come gather 'round, people
Wherever you roam
And admit that the waters
Around you have grown
And accept it that soon
You'll be drenched to the bone
If your time to you is worth savin'
And you better start swimmin'
Or you'll sink like a stone
For the times they are a-changin'

Come writers and critics
Who prophesize with your pen
And keep your eyes wide
The chance won't come again
And don't speak too soon
For the wheel's still in spin
And there's no tellin' who
That it's namin'
For the loser now
Will be later to win

For the times they are a-changin'

Come senators, congressmen
Please heed the call
Don't stand in the doorway
Don't block up the hall
For he that gets hurt
Will be he who has stalled
The battle outside ragin'
Will soon shake your windows
And rattle your walls
For the times they are a-changin'

Come mothers and fathers
Throughout the land
And don't criticize
What you can't understand
Your sons and your daughters
Are beyond your command
Your old road is rapidly agin'
Please get out of the new one
If you can't lend your hand
For the times they are a-changin'

The line it is drawn
The curse it is cast
The slow one now
Will later be fast
As the present now
Will later be past
The order is rapidly fadin'
And the first one now
Will later be last
For the times they are a-changin'

BOB DYLAN

ROME IS NIE IN 'n DAG GEBOU NIE

VERANDER IS MAKLIK

Jy is baie spesiaal. Daar is iets binne jou wat vir ander en vir jouself baie beteken. Dit maak nie sin dat ons hier op aarde moet sukkel en sonder betekenis moet lewe nie. Moet ook nie die fout maak om te dink jy is so spesiaal dat die wêreld vir jou gaan verander nie, want ongelukkig gaan dit nie gebeur nie. Maar gelukkig kan jy verander, want, wel, jy is spesiaal, of hoe?

Die goed wat jy moet doen om te verander is maklik, om die waarheid te sê, eintlik baie maklik. Dis net moeilik om hierdie maklike goed elke dag konstant te doen. Jim Rohn sê, gestel die gesegde *an apple a day keeps the doctor away* is waar en jy wil graag gesond bly, dan is dit baie maklik en baie eenvoudig om elke dag 'n appel te eet. In die begin is dit maklik om elke dag een te eet, maar later is die appels klaar en dan moet jy ander gaan koop. Dalk het die winkel nie en nou moet jy na 'n ander winkel toe ry. Dalk gaan jy op vakansie en nou moet jy onthou om jou appels in te pak. Dalk het jy 'n pak appels gekoop en toe jy die oggend een wil eet, is hulle almal vrot, en nou, wat nou? Jim Rohn het 'n baie mooi manier om iets te ver-duidelik. Dit wat ek en jy moet doen om in onsself te belê is maklik. In die meeste gevalle is die probleem om dit net te doen en dan aan te hou doen.

GISTER, ASSEBLIEF

"Dis reg, meneer, ons sal dit kan doen. Wanneer wil jy hê moet dit klaar wees?" vra die ontvangs by die drukkers. "Gister," sê ek, soos gewoonlik. Ons mense is baie ongeduldige wesens. Dit wat ek en jy wil bereik, soek ons gister. Ongelukkig werk die formule van saamgestelde rente anders. Rome is nie gister gebou nie en ook nie in een dag nie, maar oor 'n tydperk. Het jy al opgemerk watter frustrasie dit is as daar gewerk word aan die teerpad wat jy daagliks gebruik? Ek onthou toe die teerpad tussen Vaalwater en Modimolle oorgedoen is. Ek was baie dankbaar dat die regering die pad oordoen, want die pad was baie sleg, maar dit het vir my gevoel of hulle die kontrak vir die verkeerde mense gegee het. Die stories het rondgeloop dat dit 'n BEE-maatskappy is en die direkteure die geld gesteel het; daarom het alles stilgestaan en daarom het die werk so stadig gegaan. Die dag toe die manne die teer begin gooi, toe dink ek verlig: Hulle het seker uiteindelik iemand gekry wat weet hoe om die werk te doen. Ek was verkeerd; dit was nog steeds dieselfde maatskappy. Ek het 'n goeie vriend wat kontrakteurswerk doen op Suid-Afrika se nasionale teerpaaie. Toe ek eendag met hom my gedagtes oor die Vaalwater-Modimolle-pad deel, het hy my reggehelp deur aan my te verduidelik dat wanneer daar 'n pad gebou word, die grondwerke en die kompaktering daarvan die grootste werk is. Dit lyk of daar niks gebeur nie, want ons sien net die grond elke dag en ons wil die teer sien. Daar word elke dag hard gewerk om die grond te kompakteer, te skraap tot die hoogte reg is en die vlakke ooreenstem, ensovoorts. Om die teer te gooi is dan vinnig en eenvoudig.

Gewoonlik in die begin, soos ek vroeër verduidelik het, lyk dit of die moeite wat jy insit, nie regtig iets doen nie en dan gee ons moed op en val terug op die slegte gewoontes. Die waarheid is, as jy net volhou en aanhou, sal jou resultate begin wys, en dan is die goed wat jy aanpak baie makliker, net soos om die teer te gooi, waarvoor ons almal in spanning gesit en wag het.

Rome is nie in 'n dag gebou nie en Rome is vandag nog steeds nie klaar gebou nie. Daar word nog steeds gebou en gebreek. Jy moet die beleggings in jouself ook so sien: dit vat tyd, dit hou nie op nie, dit is konstant en dit is lekker.

DIE TIEN BELEGGINGS KORTLIKS

Ek dink nie jy besef hoe in my skik ek met myself is dat jy tot hier gelees het nie, maar ek weet ook dat 'n mens teen dié tyd 'n bietjie van die goed vergeet het. Daarom wil ek net kortliks weer die tien beleggings met jou deel sodat dit vars in jou kopbeen kan rondrol:

1. **Lees boeke**. Begin om goeie boeke te lees en kry die Audible-toepassing sodat iemand vir jou 'n goeie boek kan lees terwyl jy bestuur. Onthou, as jy goed lees waarin jy belangstel, dan lees dit baie lekkerder en makliker.

2. **Kies jou vriende reg**. Spandeer tyd met positiewe mense wat jou motiveer en inspireer. Onthou, jy is die gemiddeld van die vyf mense met wie jy die meeste tyd spandeer.

3. **Kry jou gesondheid reg.** As jy gesond eet en gereeld oefen, is jy meer produktief en het jy baie meer energie. Onthou, dis baie moeiliker om iets te doen as jy 'n 50 kilogram-sakkie sement om jou lyf ronddra.

4. **Hou 'n joernaal**. Moenie kompeteer met iemand anders nie; jy moet met jouself kompeteer. Jou doel is om beter te wees as gister, maar eers moet jy weet wie jy gister was, en dit doen jy met 'n joernaal. Onthou, *what gets measured, gets managed*. Van die wêreld se beste idees het uit 'n notaboekie gekom.

5. **Kry jou doelwitte reg**. Jy kan nie in jou kar klim en net begin ry as jy nie weet waarheen jy ry nie. Jy kan nie lewe as jy nie weet waarnatoe jy lewe nie. Onthou, jou doelwitte moet SMART wees.

6. **Gaan terug skool toe.** Die wêreld het verander. Jy kan vandag enigiets aanlyn leer. Kry

jou kopbeen reg en weet dat jy by ander kan leer wat jy graag wil leer. Onthou, jy is nie te oud om iets nuuts te leer nie.

7. **Kry 'n afrigter.** Jy is die enigste persoon wat weet wat dit is wat jy wil doen en hoe jy dit kan doen. Kry 'n afrigter wat nie advies gee nie, maar wat vir jou goeie vrae kan vra sodat jy daardie antwoorde kan uitkrap.

8. **Kry jou geld reg.** Om geld in jou bankrekening te hê is gemoedsrus, en ons almal het gemoedsrus nodig. Moenie slegte skuld maak nie. Betaal jou huidige skuld af en beskerm jou geld teen jouself. Onthou, om meer geld te kry, moet jy bewys dat jy meer geld kan hanteer.

9. **Wen jou oggende.** Begin jou oggend reg. Gebruik Hal Elrod se S.A.V.E.R.S. en ontwikkel van daar jou eie oggendroetine wat vir jóú werk. Onthou, dae wat reg begin, eindig gewoonlik beter.

10. **Maak dit makliker en beter.** Leer uit jou teëspoed. Maak goed makliker en beter sodat jy tyd spaar of meer gedoen kry in minder tyd. Onthou, die wêreld verander – dit wat vandag werk, gaan nie môre werk nie, so hoe gaan jy dit makliker of beter maak?

BEGIN KLEIN ... BAIE KLEIN

As jy op enige manier 'n klein bietjie soos ek is, is jy nou baie opgewonde en reg om 'n verandering te begin maak, maar al die inligting is oorweldigend; plus, mens wonder hoe gaan jy volhou. Kom ek vertel vir jou my laaste storie.

Daar was 'n tyd toe ek net met ou Rooies, die rooi Hilux 2.7 Toyota-bakkie, rondgery het. Ek het die bakkie baie geniet. Hy het geen skuld gehad nie en hy was net 'n ou yster en 'n regte staatmaker. Op 'n kol het sy venster vasgehaak en wou nie opdraai nie; so het ek vir maande met 'n oop venster gery. Dank Vader niemand het vir Rooies gesteel nie, maar die oop venster het my nie gepla nie. Ek het eers besluit om die venster reg te maak toe ek vir die eerste keer in reën vasgery het met Rooies. Iets wat Rooies my geleer het en wat ek dink nodig is jy vandag met hierdie tien beleggings in ag moet neem, is die mag van die gewoonte. Nie lank terug nie het Rooies se veiligheidsgordel gebreek en elke keer wanneer ek met Rooies ry, het ek die vreemdste ervaring gehad. Sodra ek in Rooies klim en die enjin aanskakel, gryp ek die veiligheidsgordel en probeer hom in die stukkende meganisme vasdruk. Sonder dat ek dit besef, druk ek harder, want ek soek daardie bekende klikgeluid, maar niks gebeur nie. Dan onthou ek die ding is mos stukkend en laat ek die veiligheidsgordel teruggly tot op sy plek, sit ou Rooies in eerste rat en begin ry. Sodra die bakkie begin beweeg, kry ek 'n baie vreemde gevoel. Dit voel amper of ek kaal is, of dalk moet ek sê, dit voel of ek nie lekker vas is of gerieflik in die stoel sit nie. Binne enkele minute probeer ek, terwyl ek ry, weer om die veiligheidsgordel vas te maak en dan onthou ek weer die ding is mos stukkend. Dit het kort-kort gebeur; elke keer as ek in ou Rooies klim, dan gaan my hand vir die gordel; na 'n rukkie se ry, dan gaan my hand vir die gordel sonder dat ek daaraan dink. Die oomblik as ek wel daaraan dink, dan besef ek dat die gordel se meganisme nie werk nie. Dit is die mag van die gewoonte. Dit het my so gepla dat ek alles eenkant toe geskuif het en eers die verdomde veiligheidsgordel gaan regmaak het. Die venster het my eers regtig gepla toe dit reën, maar die gordelstorie moes ek vinnig uitsorteer.

Ons doen baie goed daagliks uit gewoonte. Ek en jy weet nie eers dat ons dit doen nie. 'n Mens moet regtig goed selfondersoek instel om te bepaal watter gewoontes ons regtig op hierdie stadium het. Ons almal weet dat daar slegte gewoontes is en dat daar goeie gewoontes is. Jou doel moet wees om die tien maniere waarop jy in jouself kan belê wat ons in hierdie boek bespreek het, te gebruik om goeie gewoontes vir jouself te kry. En om gewoontes te kweek, moet jy klein begin, baie klein. Soos die Engelsman sê, *baby steps*.

Dis vir my belangrik dat hierdie boek 'n positiewe verandering in jou lewe begin. Ek is nog steeds bekommerd oor daardie kelnerin by Klein-Kariba. Dis nou ses maande later en ek wonder wat het sy met haar R50 000.00 gemaak. Ek glo dieselfde gaan gebeur die oomblik as hierdie boek op die mark verskyn. Jy koop 'n afskrif en het gelees tot hier. Maar wat gaan jy maak met dit wat jy in die boek geleer het?

In die tyd wat ek met hierdie boek gespook en ge-woeker het, het ek baie opgelees oor die mag van die gewoonte, want as ek en jy wil weet hoe om konstant in onsself te belê, sal ons dit moet doen met behulp van gewoontes. In die laaste paar maande het ek die volgende vier boeke oor gewoontes gelees:

1. *The power of habit* deur Charles Duhigg
2. *Mini habits* deur Stephen Gruise
3. *Tiny habits* deur B.J. Fogg
4. *Atomic habits* deur James Clear

Ek dink dit is 'n goeie idee as jy in die mag van ge-woontes belangstel dat jy hierdie boeke kry of daarna luister op Audible. Daar is baie vleis om die onder-werp, maar die hoofboodskap wat ek uit die vier boeke gekry het, is dat jy so klein en maklik as moontlik moet begin. Dit moet so klein en maklik wees dat jy dink dis malligheid en amper vir jouself lag omdat jy dink dit gaan jou help in die toekoms. Stephen Gruise verduidelik in sy boek hoe hy begin het met net een *push-up* en ook vir homself gelag het, maar hy het elke dag ten minste een *push-up* gedoen. Meeste van die kere, sodra hy begin het, het hy meer as een gedoen omdat hy klaar in die regte posisie was, maar soms was hy te lui en dan het hy net een gedoen. Die belangrike ding hier is dat hy dit elke dag gedoen het. Later het sy een *push-up* saamgestelde rente begin wys en is hy *gym* toe, ensovoorts. Vandag kan hy nie daarsonder om te gaan *gym* nie. Klink baie soos ou Rooies se veiligheidsgordel. Dit is die mag van die gewoonte.

Jy gaan op jou eie moet uitwerk hoe jy hierdie tien beleggings so maklik as moontlik gaan maak in die begin, maar om jou 'n hupstootjie te gee, sal ek gou met jou 'n paar idees deel:

1. **Lees boeke.** Elke aand voor jy gaan slaap, lees net een bladsy van 'n boek.

2. **Kies jou vriende reg.** Sosiale media is reeds 'n gewoonte; so volg positiewe mense en *unfriend* negatiewe vriende.

3. **Kry jou gesondheid reg.** In die oggend as jy opstaan, doen net een *push-up*.

4. **Hou 'n joernaal.** Los jou joernaal langs jou rekenaar sodat wanneer jy gaan sit om bietjie te werk op jou rekenaar, jy net gou twee reëltjies oor enigiets in jou joernaal kan skryf.

5. **Kry jou doelwitte reg.** Elke keer wanneer jy iets begin doen, vra vir jouself hoekom jy dit doen.

6. **Gaan terug skool toe.** Spandeer elke dag net een minuut aan iets wat jy besig is om te leer.

7. **Kry 'n afrigter.** Gaan een keer 'n jaar na 'n afrigter toe.

8. **Kry jou geld reg.** Spaar elke maand R100 of betaal elke maand R100 meer af op jou skuld.

9. **Wen jou oggende.** Voor jy enigiets in die oggend doen, maak jou bed eers op.

10. **Maak dit makliker en beter.** Maak 'n beter plan vir klein goedjies, soos die manier waarop jy koffie maak. Of kry 'n beter plek vir die TV se *remote.*

Begin klein en onthou, Rome is nie in een dag gebou nie, maar die manne het konstant elke dag aan Rome gebou en hulle is tot en met vandag nog besig om dit te doen.

AFSLUITING

Die pad van 'n entrepreneur is eensaam. As jy wil deel raak van 'n groep afrikaanse entrepreneurs wat mekaar ondersteun en bystaan, kan jy www.afrineur. co.za besoek. Jy kan dan hier aansoek doen om deel te raak van 'n groep wat mekaar inspireer en jouself so met goeie vriende omring.

Die wêreld gaan nie vir jou verander nie. Jy moet verander. Wat die wêreld wel vir jou gaan gee, is teëspoed, sodat jy kan leer en jouself beter en sterker kan maak. As jy dit regkry, wel, dan gaan die wêreld vir jou voorspoed gee. Wat is jy bereid om te doen vir jou voorspoed? Baie mense is bereid om 'n boek soos dié te lees of na 'n video op YouTube te kyk, maar doen uiteindelik niks met die inligting nie. Wat gaan jy doen, yster? Onthou, yster kan roes. Hier is 'n vers uit Spreuke wat my laat besef het ek gaan my vinniger uit my gat moet trek en ophou om alles en almal te blameer en eerder aan myself begin werk. Sterkte daarbuite. Bertus Steenkamp.

Spreuke 26:15 (AFR83): "Die luiaard steek sy hand in die skottel, maar hy is te lui om dit terug te bring na sy mond toe."

www.ingramcontent.com/pod-product-compliance
Lightning Source LLC
Chambersburg PA
CBHW070305200326
41518CB00010B/1902